本著作受到南京邮电大学社会科学研究重点基金资助
（项目号：NYS216027）

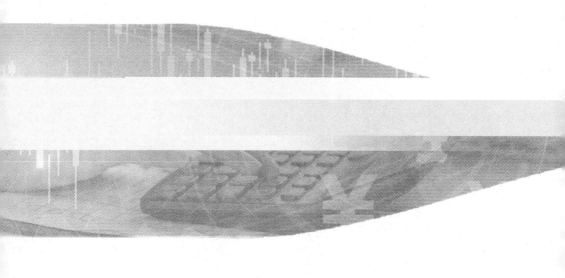

Asset Price Fluctuation,
Wealth Effect and
Consumption Promotion

资产价格波动、财富
效应与居民消费提升

王子敏 / 著

中国财经出版传媒集团
经济科学出版社
Economic Science Press

图书在版编目（CIP）数据

资产价格波动、财富效应与居民消费提升/王子敏著.
—北京：经济科学出版社，2018.4
ISBN 978 - 7 - 5141 - 9237 - 7

Ⅰ.①资…　Ⅱ.①王…　Ⅲ.①资本市场 - 经济波动 -
研究 - 中国　Ⅳ.①F832.5

中国版本图书馆 CIP 数据核字（2018）第 080626 号

责任编辑：李　雪
责任校对：隗立娜
责任印制：邱　天

资产价格波动、财富效应与居民消费提升
王子敏　著
经济科学出版社出版、发行　新华书店经销
社址：北京市海淀区阜成路甲 28 号　邮编：100142
总编部电话：010 - 88191217　发行部电话：010 - 88191522
网址：www. esp. com. cn
电子邮件：esp@ esp. com. cn
天猫网店：经济科学出版社旗舰店
网址：http：//jjkxcbs. tmall. com
固安华明印业有限公司印装
710×1000　16 开　14 印张　180000 字
2018 年 4 月第 1 版　2018 年 4 月第 1 次印刷
ISBN 978 - 7 - 5141 - 9237 - 7　定价：50.00 元
（图书出现印装问题，本社负责调换。电话：010 - 88191510）
（版权所有　侵权必究　举报电话：010 - 88191586
电子邮箱：dbts@ esp. com. cn）

前　　言

　　伴随着中国国民收入的不断提升，居民财富总额不断增长，财富构成不断丰富。但无论财富如何增长，在居民资产构成中以房产、股票为代表的资产配置都是不可或缺的。这也就意味着居民财富会不可避免受到资产价格的影响，伴随着资产价格的升高、降低以及震荡，居民财富也会不断发生变化。特别是伴随着中国逐步向全球头号经济强国迈进，人民币国际化不断推进，对美国的全球经济地位不断发起挑战，全球的贸易结构不断变化、贸易摩擦不断增加，导致资产价格的剧烈波动成为常态。

　　资产价格的剧烈波动所导致的财富价值的变化会从各种渠道影响到实体经济。诸如投资、信贷、人口流动、消费等领域，均是可能的传导路径。本书聚焦于消费这一路径，是在中国经济发展结构出现战略性转变的大背景下展开研究。改革开放初期的对外开放使得中国在全球产业链的低端层次切入到全球分工，中国的出口额不断攀升，出口成为在几十年内不断拉动经济增长的重要引擎；同时以高速公路、高铁为代表的基础设施的不断建设，使得投资也成为与出口并驾齐驱的另一个引擎。但是伴随着国内剩余劳动力的降低，在低端领域的劳动力比较优势逐步降低，中国出口结构不断优化，在全球价值链中开始挑战高端产业，中国的出口增长开始面临来自发达国家的激烈竞争，原先的合作关系不复存在，出口对于中国经济的拉动作用发生了重要的转变；同时由于资本报酬的边际递减规律，中国资本积累的增加，使得高回报投资领域逐步减少，投资进入低回报区，投资对于经济的拉动作用也发生了重要的改变。

在这样一个大环境下，消费成为拉动中国经济持续高速增长的唯一选择。但是如果来自资产领域的价格剧烈波动，可能导致居民财富的较大增减，那么居民的财富感知、消费能力、消费倾向等都可能会对居民消费产生重要的影响。近些年伴随着中国房地产市场的高速增长，一些声音在不断讨论房地产市场是促进还是抑制了中国的居民消费。本书的研究能够从一定程度上回答这个问题。

目录

第 1 章

中国居民消费与消费提升

居民消费指一定时期内，一个国家（或地区）内所有常住居民对最终商品和服务的全部消费性支出，与政府消费一起构成最终消费。消费与投资、政府购买、净出口共同构成了国民产出的重要组成。改革开放以来中国经济的持续、高速与稳定增长，成为全球经济增长的核心力量，在这个过程中，投资、净出口、政府购买发挥了重要作用。但是新常态下，伴随着投资的边际产出递减、出口与汇率制度的冲突、财政预算的约束，使得投资、政府购买和出口拉动经济的能力越来越受限，提升居民消费成为促进经济长期稳定增长的重要力量。

1.1 中国居民消费现状

1.1.1 居民消费水平

中国是个人口大国，人口规模全世界居首位，与人口规模相对应，伴随着改革开放以来的经济持续稳定增长，中国的居民消费总规模也在不断提升，在全球也是居于前列。中国居民消费总量国际比较见表1.1。

表1.1　　　　　　　　　中国居民消费总量国际比较　　　　　　单位：亿美元

国家	2005 年	2012 年	2013 年
美国	87 941	110 831	114 843
中国	8 904	30 193	34 247
日本	26 414	36 119	30 078
德国	16 508	19 780	20 866
英国	15 484	16 943	17 376

数据来源：国家统计局《国际统计年鉴2015》。

根据国家统计局统计数据，截至2013年中国的居民消费总量已经达到34 247亿美元，居于美国之后，位列全球第二位。而在2005年，在美国、日本、德国、英国、法国、意大利之后，居于全球第七位。从增长速度来看，可以说中国的居民消费增长速度是非常快的。

但是同样是由于人口基数大，中国的人均居民消费却与消费总量在全球的地位不相称。主要国家人均居民消费国际比较见表1.2。

表1.2给出了主要国家人均居民消费的国际比较。中国的人均居民消费在以2005年不变单价计算，2013年为1 307美元，而同期美国的人均居民消费则是31 190美元，中国的人均居民消费水平只有美国的4%，而从总量上来看，中国的居民消费总量是美国的30%。即使是同其他国家相比，诸如土耳其、墨西哥、阿根廷、俄罗斯、巴

西、南非、马来西亚、委内瑞拉、哈萨克斯坦、乌克兰、泰国等国，
中国的人均居民消费水平仍然低于上述国家。可见，中国虽然是一个
消费大国，但并不是一个消费强国。居民人均消费水平代表了居民的
福利水平，人均消费水平偏低意味着中国的居民福利水平还有很大的
提升空间。

表1.2	主要国家人均居民消费国际比较		单位：美元
国家	2005 年	2012 年	2013 年
美国	29 758	30 693	31 190
英国	25 635	24 953	25 214
日本	20 673	21 912	22 408
加拿大	19 487	21 882	22 166
德国	20 018	21 691	21 809
中国	683	1 222	1 307

数据来源：国家统计局《国际统计年鉴2015》，2005 年价格。

1.1.2　居民消费率

与人均年消费水平偏低相对应，中国的居民消费率在全球也是处
于较低水平。根据国家统计局数据，2013 年中国的居民消费率为
37.3%，而同期部分国家的居民消费率甚至达到80% 多，美国的居
民消费率为68.5%，是中国的两倍多。中国的居民消费率全球比较
见图1.1。

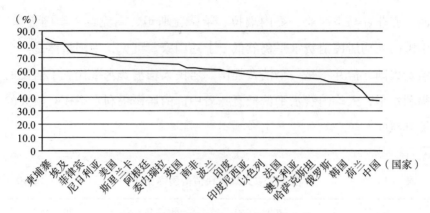

图 1.1　中国的居民消费率全球比较

数据来源：国家统计局《国际统计年鉴 2015》。

图 1.1 列举了部分国家的居民消费率指标。从图中可以看出，中国的居民消费率水平偏低，大量的发达国家和发展中国家的居民消费率水平在中国之上。

1.2　中国居民消费变动的历史

1.2.1　中国居民消费率的整体变动

历年来，中国居民消费率的整体变动状况见表 1.3。

从表 1.3 可知，1978 年以来，居民消费率呈长期波动下降走势。根据 2015 年《中国统计年鉴》，1978~2014 年，居民消费率从 1978 年的 48.2% 下降到 2014 年的 38.2%，下降 10 个百分点，平均每年下降 0.27 个百分点。1978~2014 年大体可分为三个周期，第一个周期（1978～1994年）：1978～1981年间，居民消费率呈上升趋势，从48.2%升至52.5%，达到最高值；1981～1994年，整体呈下降趋势，从52.5%降至43.5%。第二个周期（1994～2010年）：1994～2000年，居民消费率呈上升趋势，从43.5%上升到47.1%；2000～2010年，居民消费率快速下降，共下降11.4个百分点。自2003年起，居民消费率便开始低于1994年的居民消费率，逐年打破改革开放以来的最低值。第三个周期是从2010年至今，中国的居民消费率开始逐步缓慢回升，到2014年居民消费率达到了38.2%，详见图1.2。

表1.3　　　　　　　中国居民消费率的历史变动

时间（年）	消费率（%）	时间（年）	消费率（%）
1978	48.2	2005	40.5
1980	51.3	2006	38.6
1985	51.2	2007	37.2
1990	50.3	2008	36.4
1995	45.9	2009	36.6
2000	47.1	2010	35.7
2001	46.0	2011	36.5
2002	45.5	2012	37.2
2003	43.5	2013	37.4
2004	41.4	2014	38.2

数据来源：历年《中国统计年鉴》。

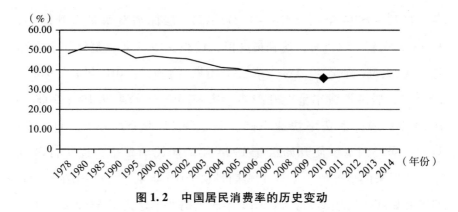

（％）

图1.2　中国居民消费率的历史变动

1.2.2　消费结构变动的城乡特征

中国城乡居民由于历史和制度原因，居民收入和居民消费呈现出巨大的城乡差异，表现为农村地区收入和消费相对于城镇而言双低，农村居民消费占比和城镇居民消费占比呈现出不同的变动趋势。1982年以来农村居民消费占比明显呈现出下降趋势，1982年农村居民消费占比为34.1％，到2010年下降至最低的8.2％，这期间整整下降了近26个百分点，平均每年下降1个百分点，从2011年开始农村居民消费占比略有回升，但仍然维持在8％左右；而城镇居民消费占比则呈现出相反的变化趋势，基本表现出缓慢上升的趋势，从1978年的18.3％上升至2014年的29.6％，上升了11.3个百分点，平均每年上升0.43个百分点。但2000年达到最高点31.4％以后，城镇居民消费占比又开始持续下降，到2008年后又开始逐步回升。中国居民消费结构走势见图1.3。

由图1.3可知，城镇居民消费占比与农村居民消费占比呈现出典型的剪刀形状，二者交叉于1992年，从1992年起，城镇居民的消费占比开始逐步超过农村居民消费占比。与此同时，政府消费占比却一致稳定在 14% 左右的水平上。上述剪刀形状与中国的城市化进程密不可分，大量的人口城市化使得人口在城市集中，城镇居民消费总量必然会上升，占到 GDP 的比重自然会升高。

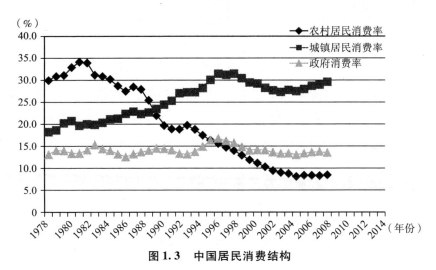

图 1.3　中国居民消费结构

注：数据根据《中国统计年鉴 2015》计算，农村居民消费率计算公式为农村居民消费除以当年全国 GDP，同理可计算出城镇居民和政府消费率。

1.2.3　消费率的城乡结构特征

为了准确对比城乡居民消费的状况，需要计算比较城乡的居民消费率。但是统计部门并没有提供分城乡的 GDP 情况，无法统计出城镇地区的 GDP 和农村地区的 GDP，因而难以计算出分城乡的居民消费率占比。但我们可以从中国居民的消费倾向对该问题进行分析。近两年中国居民的平均消费倾向见表 1.4。

表 1.4   近两年中国居民消费倾向

时间（年）	城镇居民平均消费倾向	农村居民平均消费倾向
2013	0.699	0.794
2014	0.692	0.799

从表 1.4 中可以发现，城镇居民消费占收入的比重低于农村居民。这反映出城镇居民生活支出中可能有一部分诸如购房、投资等非消费性支出。仅从消费倾向的数值来看，农村居民的消费率并不低。这就意味着图 1.3 中城乡消费结构的剪刀形状更可能是由于城市化进程所导致的人口在城市不断集聚所引起的。

1.3　消费率的低估问题

改革开放以来，仅仅从统计指标来看，中国的消费率经历了一个先上升后下降的过程，其比率由 1978 年的 62.1%持续性下降。到 2014 年，中国的人均 GDP 为 46 628.5 元，而人均居民消费支出为 17 806.4 元，居民消费率为 38.2%。这个水平不仅大大低于世界平均水平，也显著低于中等收入和低收入国家或地区的平均水平。

1.3.1　正常说

很多研究也认可消费率偏低的结果，并从不同角度提出了相关的解释。赵坚毅等（2011）[1]认为导致消费率持续下降的因素主要有三个方面，即国民收入分配结构变化、城镇住房制度改革和农村居民收入增长缓慢，长期的消费需求不足是中国经济结构失衡的重要表现；吴易风等（2004）从收入分配的角度出发，认为收入分配差距扩大会导致城镇居民消费支出减少，而消费率的下降制约着国民经济的发展；而杨天宇等（2005）进一步总结了收入与消费间的关系，即城市化导致城市内部收入差距单调上升，而中国居民的边际消费倾向与收入水平大致呈倒"U"形关系，可以理解为中等收入阶层的边际消费倾向较高，低收入阶层和高收入阶层的边际消费倾向较低，因此实行缩小收入差距的收入再分配政策就能有效地提高中国居民的总体边际消费倾向，提高中国的消费率，从而刺激经济增长；此外，石良平（2008）认为，减税是提高消费率的重要途径，应尽快改革中国的个人所得税制度；许永兵（2005）认为，中国消费率下降的主要原因是居民平均消费倾向下降过快；在理论模型方面，研究者做了以下探讨，例如，宋铮（1999）、臧旭恒（2004）着重运用预防性储蓄理论来研究中国居民消费行为，认为未来收入的不确定性是造成消费率偏低的主要原因；万广华等（2001）运用规范的经济计量模型进行分析，发现不确定因素对消费有显著影响，认为流动性约束型消费者比重偏高是导致中国消费率下降的重要原因；陈利平（2005）对消费行为理论中的"攀比效应"进行了研究，并说明在可行的相对风险规避系数和一定程度的消费攀比下，较高的经济增长率将导致较高的储蓄率，以此可以解释中国居民消费率偏低的问题；等等。

1.3.2 低 估 说

也有研究认为中国居民消费率并非偏低，而是被低估的。如王秋石和王一新（2013）通过对社会消费品零售总额增长率与实物消费增长率的偏差、第三产业增加值增长率与服务性消费增长率的偏差证明中国居民消费率是被低估的，认为造成这种低估的原因，主要来自居民消费"企业化"、居民消费"投资化"以及居民消费"公款化"三个方面。他们基于对实物消费、服务性消费和政府消费与居民消费比值的调整，对中国真实居民消费率做了一个估算，估算结果显示，调整之后的居民消费率更加接近其他与中国有相似经济结构国家的水平。也从另一个视角说明中国目前出现的所谓"内需不足""投资过热"等问题在消费率被低估的视角下来看，可能根本就不存在或者并没有认为的那么严重。[2]

1.4 居民消费的影响因素

对于中国居民消费影响的相关研究汗牛充栋，从各个角度分析了相关因素对于居民消费的作用机制，研究角度涉及预期、预防性储蓄、城市化、产业结构、习惯形成、财政支出结构、金融市场、房地产市场等方面。

1.4.1 非资产价格因素

收入因素无疑是影响居民消费的首要因素，除了收入因素以外，众多研究从不同角度进行了分析。

有研究认为预期因素对于居民消费影响显著。胡永刚和郭长林（2013）[3]通过在动态随机一般均衡模型中引入以产出和通货膨胀为反应变量的财政支出规则后，发现除了通过财富效应影响居民消费，财政政策还能够通过居民预期改变其消费行为。财政政策的预期效应取决于其对产出和通货膨胀的反应程度，只有当反应程度达到一定临界值时，预期效应才会显现，反应程度过大或过小都会使财富效应占据主导地位，最终导致财政政策扩张挤出居民消费。通过对中国1996年Q1～2011年Q4[①]的季度数据进行经验分析发现，财政支出在样本期内对产出具有明显的反馈，财政支出扩张会导致居民消费增加，其中预期发挥着较为重要的作用。

有研究从预防性储蓄角度着手。沈坤荣和刘东皇（2012）[4]基于预防性储蓄理论分别从不确定性、收入分配和公共支出三个视角系统地研究了中国居民消费的制约因素。研究分析表明，居民谨慎的消费行为、收入分配的不合理、公共支出转型滞后等都严重地制约着我国居民消费的增长。

有研究从城市化角度论述居民消费的影响因素。万勇（2012）[5]认为城市化驱动居民消费需求的作用分为结构效应、交易效应、保障效应和收入效应四个方面，并采用中国大陆31个省份2000～2009年的面板数据进行实证分析。结果表明，中国城市化的结构效应和保障效应不明显，城市化增强了交易的可获得性、交通的方便性，但没有提升居民信息的可获得性，城乡收入差距扩大抑制了居民消费需求。雷潇雨和龚六堂（2014）[6]通过建立一个包含多种类型消费者（城市市民、城市非市民及农民）和地方政府的理论框架，分析了城镇化对中国居民消费率的影响，并选取全国176个城市2001～2010年的数据进行了实证检验。研究结果表明，城镇化水平提高能够推动城市消费率的增长，但城镇化速度过快则会阻碍消费率增长。实证显示这一关系在中国不同地区间存在显著区别，中部城市比东部城市更容易通过扩大人口规模来提高城市生产能力和消费率增速，而东部城市只有通过提升农民工福利待遇，才能够促进消费率增长。

---

① 本书中的Q1、Q2、Q3、Q4分别代表第一季度、第二季度、第三季度、第四季度。

有研究从产业结构的角度分析了居民消费的影响因素。毛中根和洪涛（2012）[7]认为服务业的发展通过提高居民收入和改善收入分配等路径促进居民消费增长。他们引入路径分析方法，设计了两个步骤的实证方案：第一步，验证居民收入、收入分配对居民消费的影响；第二步，验证服务业发展与居民收入和收入分配的关系。同时，利用中国29省（区、市）1993～2010年的面板数据进行了计量检验，在此基础上，进一步分析了产业政策对服务业发展与居民消费关系的影响。结果表明，以2001年政策颁布为分界：2001年之后，服务业发展对居民消费产生了更大的促进作用。

有研究从互联网产业发展的影响角度进行了分析。刘湖和张家平（2016）[8]基于2003～2013年的省级面板数据，实证研究了中国互联网发展对各地区的农村居民消费水平与消费结构的影响，认为从总体上来看，互联网发展对中国农村居民消费具有显著的正向影响，其影响强度分别由大到小为：移动电话普及率、互联网普及率、互联网发展投资环境，同时移动电话普及具有驱动农村居民消费结构由传统型向发展、享受型消费结构转变的潜力。崔海燕（2016）[9]运用2004～2014年中国居民消费、国内生产总值及互联网金融模式中的第三方互联网支付的样本数据，利用动态时间序列模型，实证分析了国内生产总值和互联网金融模式中的第三方互联网支付对中国居民消费的影响，结果表明：国内生产总值和第三方互联网支付对中国居民消费都产生了正向影响，即当期国内生产总值变动每增加1亿元，当期居民消费将会增加0.3188亿元；当期第三方互联网支付交易规模每增加1亿元，当期居民消费将会增加0.3817亿元。方福前和邢炜（2015）[10]研究了电子商务市场发展与居民消费之间的关系，基于搜寻理论的微观基础构建了具有价格黏性的动态一般均衡模型，并基于中国2007～2013年省际面板数据进行了实证研究。研究发现：通过提高消费的边际效用和产品的竞争程度两条机制，电子商务市场的发展促进了消费；电子商务市场的发展初期主要是对传统市场的替代，其成长期才是新市场创造的过程。因此，居民人均消费、总消费与电子商务市场销售规模之间呈现出"U"形关系。

有研究着眼于习惯形成因素的影响。杭斌和闫新华（2013）[11]从习惯形成和预算约束角度对中国城镇居民的高储蓄现象做出了解释。他们认为，在经济快速增长时期，消费效用在时间上是相互关联的；同时，社会平均生活水准持续提高，加大了消费攀比的压力。此外，房价上涨过快导致的预算约束也是居民储蓄率上升的重要原因。他们通过在效用函数中引入习惯因素，并且考虑了购房支出预期对消费的影响，最后利用1999～2009年中国29个省（自治区、直辖市）的城镇住户调查数据进行了实证分析。

有研究从民生保障的角度分析了居民消费影响因素。易行健等（2013）[12]利用中国1996～2009年的省际面板数据，使用固定效应模型研究了地方政府民生性财政支出占比对中国居民消费率的影响，他们认为在存在预期消费支出不确定性的前提下增加民生性财政支出有利于促进居民消费。李晓嘉（2013）[13]从全国和区域两个层面对中国农村社保支出与农村居民消费的关系进行了实证检验。她首先选取了1978～2011年的时间序列数据，采用可变参数状态空间模型分析了社会保障制度变迁对中国农村居民消费的总体影响，接下来选取1995～2011年的省际数据，采用动态面板数据模型分析了社保支出对农村居民消费的区域效应。研究表明，中国农村社会保障制度处于不断调整的动态平衡之中，社会保障支出总体上对农村居民消费起到了挤入作用，但对消费的拉动作用存在着明显的区域性差异。李建强（2010）[14]在最优消费行为理论分析框架下，基于我国城乡二元经济社会中居民所特有的消费特点，将政府民生支出引入最优消费函数进行理论分析并利用 1978～2008 年的相关数据，对政府民生支出与我国居民消费需求的动态关系进行实证检验。结果表明：改革开放后，政府民生支出对居民消费产生倒 "V" 字形影响；政府民生支出对城镇居民消费的影响大于其对农村居民消费的影响；投资性民生支出对居民消费的影响远大于转移性民生支出对居民消费的影响。

有研究从金融市场的影响视角进行了分析。陈东和刘金东（2013）[15]为了检验和测算农村信贷影响农村消费市场的直接效应与中介效应，建立了不同类型农村信贷影响农村居民消费的经验模型，发现无论是短期还是长期，消费性信贷较之生产经营性信贷更能提振农村消费。韩立岩和杜春越（2012）[16]通过构建泰尔指数和家庭借贷指标，利用静态和动态面板数据模型对收入差距、借贷水平对居民消费影响的地区及城乡差异进行了实证研究。研究发现：收入与消费的正向关系显著，但城乡和地区间仅存在微弱差异；借贷水平、收入差距与消费间分别呈现出显著正向和负向关系，且这两种关系均存在较强的城乡和地区差异。

有研究从人口年龄结构的角度，结合生命周期理论对居民消费进行了分析。王宇鹏（2011）[17]在跨期最优消费理论基础上，以平均消费倾向作为居民消费行为评价指标，建立了分析人口老龄化与平均消费倾向关系的理论模型和计量模型，对 2001～2008 年中国城镇居民消费行为进行了实证研究。结果表明，人口老龄化因素显著影响中国城镇居民消费行为，在控制其他因素的条件下，老年人口抚养比越高，城镇居民平均消费倾向越高；少儿人口抚养比对城镇居民消费影响不显著，可能是家庭未成年人抚养总支出对抚养数量弹性较小。毛中根等（2013）[18]认为老年抚养比的提高是导致居民消费降低的一个重要原因。城乡比较显示：人口老龄化的提高显著降低了城市居民的消费支出，而对农村居民的影响不显著；少儿抚养比的提高显著增加了城乡居民的消费支出；老年负担率的提高显著降低了城镇居民的消费支出，而对农村居民的影响比较微弱。东部、中部、西部地区比较表明：人口老龄化对居民消费的影响由大到小依次是东部、中部、西部；少儿抚养比对居民消费的影响由大到小为中部、西部、东部；老年负担率对居民消费的影响由大到小为东部、中部、西部。

1.4.2　资产价格因素

部分研究从资产价格的角度，分析了其对于居民消费的作用。刘凤根和赵建军（2011）[19]选取全国 31 个省 2005 年 6 月至 2007 年 11 月的面板数据作为研究对象，运用 OLS 方法和广义矩方法（GMM），分析了股票市场和房地产价格上涨引起的居民资产结构变化，以及对居民消费带来的冲击。实证结果表明：股票市场对居民消费影响显著为正，房地产市场则相反。丁攀和胡宗义（2008）[20]通过扩展 Lettau —Ludvigson 模型，结合我国股票市场与房地产市场的实际情况，对股价和房价波动对居民消费影响进行了实证研究。结果表明，股市对居民消费的影响存在弱负效应，而房市对居民消费的影响存在较大的正效应。

有研究专门从房地产价格方面分析了对消费的影响：段忠东（2014）[21]分析了房价影响居民消费的非线性机制，并对中国 35 个大中城市房价变动影响居民消费的门限效应进行了实证研究。结果发现：总体上看，当房价处于低增长机制或居民收入处于高增长机制时，房价上涨对居民消费产生显著促进作用，反之，房价对居民消费的影响不明显甚至出现挤出效应。以住房双重属性为基础，从理论上分析发现，房价上涨对消费的影响会因居民对住房属性的侧重不同产生差异，若侧重其投资品属性，最终影响会是挤出效应，抑制消费。

李春风等（2014）[22]根据不同类型居民的消费差异以及住房属性的不同侧重，构建动态面板模型进行实证分析，结果表明：中国房价上涨存在明显挤出效应，且地区性差异明显，进一步研究还发现，挤出效应影响的广泛性，不仅直接挤出消费支出，还可作用于消费的其余影响因素间接抑制消费。谢洁玉等（2012）[23]使用中国城镇住户调查数据，分析了房价对城镇居民消费的影响，认为房价显著抑制了消费，且该抑制效应在不同群体间差异明显。有未婚男性的家庭，或者已经有房的家庭，特别是现有住房价值较低的家庭，房价对消费的抑制效应更强。房价对消费抑制效应的异质性与家庭购房行为的差异相一致。有未婚男性的家庭，或者上一年有房的家庭，特别是上一年住房价值偏低的家庭购房的可能性更高，上一年住房价值较高的家庭购买两套房的可能性更高。杭斌（2014）[24]认为住房不仅兼有消费和投资功能，而且还是家庭社会地位的象征，对社会地位的关注会促使人们把更多的资源从非地位性商品转向地位性商品，从而扭曲资源配置。他首次基于地位寻求理论，利用 CHFS 数据对中国城镇家庭的住房需求行为和消费行为进行了实证分析，认为中国城镇家庭的住房具有明显的地位特征，家庭居住面积不断扩大与地位攀比有关；无论是中低收入家庭还是高收入家庭，住房面积扩大对消费的挤出效应都是显著的；而房价上涨仅抑制了中低收入家庭的消费，对高收入家庭没有显著影响。

有研究专门从股票价格方面分析了对居民消费的影响。陈强和叶阿忠（2009）[25]采用 EGARCH – M 模型考察了居民收入、股市价格与经济风险对居民消费的影响。研究发现，从 1999~2007 年初，我国居民消费水平、收入水平、股票价格水平与波动风险之间存在一种长期的稳定关系，其中股票价格水平的上涨会促进消费，而股票价格波动风险的增加会抑制消费，但此期间股票市场行情对居民消费的影响总体上表现出负的作用。刘轶和马赢（2015）[26]选取 2000～2014年 9 月我国股票市场上证综指月度数据，综合运用协整检验、VECM 等方法实证分析发现：从短期看，我国股票市场不存在财富效应，居民消费需求不随着股票价格的上升而增加；从长期看，我国股票市场甚至存在微弱的负财富效应，股票价格指数每变动一个单位，城镇居民人均消费支出减少 0.0272848 个单位。在实证分析的基础上，本书从股票投资的"短暂效应""挤出效应""套牢效应"等角度解释了我国城镇居民的消费不足问题。

第 2 章

资产价格与财富效应

2.1 财富与财富效应

2.1.1 财富

财富是人类社会经济活动的成果，也是进行经济活动的目标追求和重要动力，而经济学又是涉及财富创造的科学，1776 年亚当·斯密《论国民财富的性质和原因的研究》，标志着经济学学科的诞生，从此以后对于财富及其创造问题的研究便进入了新的阶段。但是何为财富，财富是如何产生的，财富的本质属性是什么，财富变动的后果是什么？传统观点将财富视为物质的，威廉·配第说"土地是财富之母，劳动是财富之父"，重商主义甚至一度只将金银当作财富，将国际贸易作为财富创造的源泉，从重农学派开始到亚当·斯密才逐步将财富创造的关注点从流通领域真正转向生产领域，认为财富不仅仅在流通中创造，更是在生产中创造的。基于传统的物质财富观，从古典经济学到现在的西方经济学主流观点，将经济学视为资源的配置与利用的科学，通过将各种社会资源进行合理的配置和利用，实现最大化的财富创造。

但伴随着市场经济的不断发展，信用体系的引入，使得财富形式发生了巨大的变化，财富的表现形式不仅仅为物质形式，在市场经济中更多地表现为价值形式，特别是虚拟经济的不断发展，实现了财富的价值增值与物质生产过程的分离，实现了价值增值的相对独立化，因而在现代市场经济中财富更多地表现为价值形式。以此带来的问题便是，财富的变动不仅仅取决于物质数量的变动，还取决于财富的市场价值的变动，资产价格的变动也就成为影响财富的重要因素。

2.1.2　财富效应

财富由物质形式到价值形式的转化便产生了财富效应问题，即当价值形态的财富因为外界因素的变动而发生价值变动时，对居民消费的影响是什么。在财富效应概念提出之初，财富效应也称为实际余额效应，主要指的是货币的财富效应，指的是当物价水平波动时，居民持有的货币购买力会发生波动，从而影响到货币财富的实际价值，进而影响到居民消费。哈伯勒（Haberler，1938）、庇古（Pigou，1943）等首先提出了财富效应的概念，认为货币实际余额的变动对于居民消费有重要的影响。

随着社会经济的发展和金融市场的不断完善，居民家庭资产结构不断变化，除了货币资产外，居民开始拥有大量的投资性金融资产以及非金融资产，当物价水平波动时，居民家庭财富价值变化不再仅仅取决于货币实际余额的变动，其他资产如股票、债券、房产的价值①波动同样也会引起财富的变动，从而导致消费需求的相应变化，因而，现代意义上的财富效应与传统的财富效应相比较而言，其含义已经发生了变化，不再是货币的财富效应，而是指多元化的居民家庭资产的价值变化对居民消费支出的影响，即资产的财富效应（陈志英，2012）[27]。

2.1.3　资产价格波动的财富效应

居民资产价值的变化来源于三个方面：第一个方面是消费者的资产配置行为，消费者基于自身的收入水平和生活、投资等的需要，通过将人力资源财富转化为非人力资源财富，将劳动收入扣除消费后的剩余部分，转化为储蓄资产，或者进行固定资产和其他金融资产的购买，进而影响到资产的数量；第二个方面来源于资产数量自身的变化，特别是对于生息资产而言，持有此类资产可以带来相应的回报，如储蓄的利息收入，股票的分红、扩股等，房屋出租的租金收入等，同时，资产本身也会贬值，如房屋的折旧与土地使用权的减少。上述财产性收入可以在一定程度上视为财产本身数量的变化；第三个方面来源于资产价格的波动，在一个不太长的时间周期内，或者针对个别的居民而言，资产价格的波动是一个外生的变量，会直接影响到居民的资产类财富水平。在上述三个财富变动来源过程中，第一个过程是居民的主动性财产配置行为，对居民而言是可控的，第二个过程中，根据生命周期理论，消费者会将资产的预期回报按照一定比例进行平滑消费，因而其对居民消费的影响是可预期的，而第三个是被动性

---

① 由于房屋价值与所使用的土地之间的不可分割性，本书所指的房产价值，指的是包含了房屋价值与土地使用权价值在内的房地产价值，严格来讲由于土地所有权与土地使用权的分离，导致房产价值与房地产价值并不是一个概念。

的，不可控的，这就导致了居民财富的被动性地增值或者缩水，而正是这种不可控性的财富变动，才导致了居民消费的变动，这一类财富效应称为资产价格波动的财富效应。因而从研究范围上看，资产价格的财富效应是财富效应的构成之一。但从本质上看，财富效应中最令人着迷的部分在于资产价格波动的财富效应，从财富效应的概念提出到现在，研究的关注点其实一直都没有变，就是考察外生因素导致的财富变动对于居民内在的消费动机的影响，因而资产的财富效应的本质就是资产价格波动的财富效应。

图2.1给出了财富变动的来源以及财富效应的来源。在第二个过程中，财富的增值来源于财富的投资回报，诸如股票的分红、储蓄利息、房屋租金等收入均实现了财富的增加，因而这部分财富效应称为可实现的财富效应。资产价格波动的财富效应与可实现的财富效应是从财富效应的本质内涵引出的，为了今后表述方便称之为狭义的财富效应。而第一过程中，消费者只是在消费与资产之间进行了一种资源的重新分配，当居民增加资产持有量时，是一个对当期消费的替代过程，因而可以称为替代效应。很多研究中，将上述替代效应与狭义的财富效应放到一起进行研究，分析某种资产财富总量的变化对于消费的总影响，因而可以称之为广义财富效应。

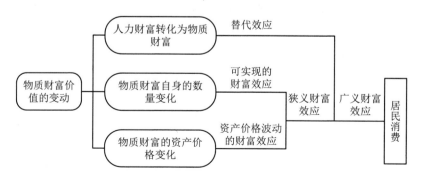

图2.1 财富效应与资产价格财富效应

本书的研究正是聚焦于资产价格波动的财富效应，之所以如此，一方面在于强调资产价格的波动在财富效应研究中的地位，另一方面在于，如果存在两个不同类型的国家，其中一个国家居民财富已经积累到一定程度，并且实现了财富的相对稳定增长，相对应的金融市场相对成熟，居民财富的变动主要来源于资产价格的波动，而另一个国家的居民财富却是在迅速地增长，相应的金融市场正处于不断的转型期，金融制度不够完善、金融市场参与者的行为不成熟，居民财富的变动一方面来源于居民的资产配置行为，另一方面来源于资产价格的波动，那么强调资产价格的财富效应便具有了实际意义。中国正是这样一个居民财富迅速积累而相关市场又不太完善的国家，因而对于中国居民财富效应的研究就有必要明确研究的切入点必须是资产价格波动的财富效应。后文中为了表述方便，统一将资产价格波动的财富效应简称为资产价格财富效应。

2.1.4 虚拟与实体经济的联系：资产价格财富效应

虚拟经济与实体经济间存在着密切的联系，实体经济无疑是虚拟经济的发展基础，同时虚拟经济也会对于实体经济产生重要的影响。虚拟经济影响实体经济的路径有多条，如虚拟经济的发展会影响到社会消费，如通过财富效应、市场的流动性效应；同时虚拟经济还可以影响到社会投资，如通过托宾 Q 效应、产业结构调整效应、债务投资效应等（仲崇文，2011）[28]。在上述虚拟经济影响实体经济的路径中，财富效应占据重要的地位，特别是当虚拟经济不断变动过程中，资产的价值变化会影响到居民的财富价值，因而影响到居民消费，特别是在货币政策的制定和实施过程中，财富效应的路径已经成为一条重要的传导路径，为政策制定者和经济学界所关注。

虚拟经济通过资产价格影响实体经济的相关研究，如于长秋（2006）[29]认为在 1995 年之后，伴随着中国股市逐渐走向成熟，股市与实体经济关联性增强，股票价格具备了一定的信息功能，股价波动对 GDP 增长产生了一定程度的影响。郭田勇（2006）[30]认为资产价格的上涨通过财富效应、托宾 Q 效应、预期与信用渠道促进消费与投资的较快增长，从而拉动总需求。崔光灿（2006）[31]以房产价格的变化为对象研究了资产价格波动对经济稳定影响的金融加速器效应，认为可以从金融加速器角度解释由于资产价格波动带来的宏观经济波动。无论上述研究角度如何，均承认资产价格是一个重要的宏观经济变量。

由于资产价格和财富效应在虚拟经济和实体经济间的作用极为重要，均是虚拟经济和实体经济间重要的联系桥梁，则资产价格波动的财富效应在联系虚拟和实体经济中的机制与地位，也就成为一个重要的课题。

2.1.5 财富效应的研究视角变迁

在财富效应的经典代表性研究文献中，实际上已经注意到了区分财富变动的来源问题，如斯金纳（Skinner，1989）[32]在研究房产财富对居民消费的影响研究中，在建立回归模型时，为了规避房屋价值的变动来源于房价以外的因素，选取的研究对象为那些没有搬家的群体，认为其房屋价值的变动主要来源于房价的变动，恩格尔哈特（Engelhardt，1996）[33]的研究也遵循上述原则。而米尔鲍尔和墨菲（Muellbauer and Murphy，1997）[34]在坎贝尔和曼昆（Campbell and Man-kiw，1989）[35]基础上，建立的计算财富效应的协整关系模型为后来大量的财富效应研究文献所采用，而他们在分析财富效应时，将居民财富分成人力资源财富和非人力资源财富两类，采用净的非人力资源财富的概念（nonhuman net worth）对居民消费进行回归，从而得到财富效应，净非人力资源财富主要包含了居民储蓄、居民资产类财富等的净值，很显然当居民动用储蓄购买资产时，居民的净非人力资源财富是不变的，而财富的投资回报以及资产价格的变动才是净非人力资源财富变动的主要因素，因而他们所计算的财富效应是包含资产价格财富效应在内的狭义财富效应。而之后的研究中，很多在计算财富效应时，却仅仅将资产类财富的市场价值对居民消费进行回归得到所谓的财富效应，代表性文献如路德维格和斯洛克（Ludwig and Slok，2002）[36]用房产和股票资产的市场价值与居民消费进行回归，这种资产价值的变化实际上不仅仅来源于资产价格的波动，还来源于居民的资产配置行为等，因而这种计算出的所谓财富效应实际上是一种广义的财富效应，是财富效应与替代效应的混合效应。国内众多研究财富效应的文献直接采用了路德维格和斯洛克（2002）的模型，因而计算出的财富效应是一种广义财富效应。

基于上述对财富效应的概念、本质以及研究中存在问题的认识，本书力图回归财富效应研究的本质，分析资产价格波动的财富效应。

2.2　财富效应的研究

2.2.1　西方对资产价格财富效应的研究热潮

有研究表明，自20世纪以来，西方社会中历次的股市的剧烈上涨与下跌，对实体经济都产生了重要的负面影响，如美国经济在20

世纪 30 年代的大衰退与自 1929 年开始的股灾有着重要的关联，日本的经济衰退和停滞与自 80 年代末开始的资产价格泡沫以及 90 年代的泡沫破灭紧密相关（肖洋等，2012）[37]。近 30 年来，在以美国、日本、欧洲为代表的传统工业化国家，以及以东亚和拉美为代表的众多的新兴工业化国家和地区均出现了资产价格的大幅度波动现象，特别是股票、房产等资产的价格波动异常剧烈，这种剧烈的价格波动日益引起了宏观经济政策部门和学者们的重视。在美国股价高涨的 20 世纪 90 年代，从 1989 年末至 1999 年末的十年内，美国股市上扬产生了数万亿美元新的股票财富，经济学家试图对消费者开支中新财富所占比例进行量化分析，对财富效应的跟踪和研究成了经济学家普遍的做法（Dynan，2000）[48]。而房价的飞涨，为居民消费提供了优质的抵押物，在房价飞涨的同时，房产抵押市场也迅速发展，提升了居民的消费能力（Deep and Domanski，2002）[39]。从研究数量上来看，大量对财富效应研究的文献在 20 世纪 90 年代以及 21 世纪初产生。

1. 股票价格波动与宏观经济

美国从 1987 年开始的股灾，导致美国股市市值在灾难开始的一个月内就损失了约 30%，针对这种情况，贝朗（Blander，1987）[40]初步估算了股市对消费的影响，发现这种影响较小。波特巴（Poterba，2000）[41]发现在美国 20 世纪 90 年代中，美国居民的净财富增长了约 50% 多，而其中的约 60% 是由居民股票财富的增加所导致的，他通过对不同财富效应数值的假设计算了在不同财富效应水平下，股票市场的财富增加对美国经济的影响，认为即使是在财富效应为 0.03 的较低情况下，从 1995 ~ 1999 年的家庭财富增加的累计影响会导致 2000 年的内需增加约 GDP 的 2 个百分点。卢德维格松和索尔登（Ludvigson and Steindel，1998）[42]发现美国股票市场财富效应在 1953 ~ 1997 约为 0.04，即 1 美元股票财富的增加意味着消费会增加 4 美分，而且他们将样本区间又分成了几个子区间，发现在不同时间段股票市场财富效应是不断变化的。曼昆和泽尔兹（Zeldes，1991）[43]基于1970~1984年的PSID（Panel Study of Income Dynamics）微观家庭面板数据，通过对比股票持有者与非持有者之间消费的变动，发现股票持有者的消费更具有不稳定性，特别是与股市的回报关系紧密。波特巴等（1995）[44]利用1970~1992年的PSID数据，用对数差分后的居民消费对股票价格进行回归，认为股票价格对于居民消费，特别是耐用消费品有着显著的影响。除了上述研究外，帕克（Parker，2000）[45]、思达 – 麦克卢尔（Starr – McCluer，1998）[46]、梅基和帕伦博（Maki and Palumbo，2001）[47]、戴南和梅基（2000）[48]等均从各自视角分析了美国的股市财富效应。

与此同时，大量关于其他国家股票市场财富效应的研究迅速出现，如阿塔纳西（Attanasio，2002）等[49]利用英国1978~1995年的英国家庭支出调查数据，分析发现股票持有者的消费波动更为频繁，其研究结论与曼昆和泽尔兹（1991）对美国的研究是类似的。其他学者，如清水谷（Shimizutani，2004）[50]、格兰诗和佩尔托宁（Grant and Peltonen，2008）[51]、德沃漫克和科勒（Dvornak and Kohler，2007）[52]分别研究了日本、意大利、澳大利亚等国家的股市财富效应。

2. 房产价格波动与宏观经济

在股票价格迅速上涨和波动频繁的同时，西方主要国家的房价也呈现出相似的变动特征，引发了社会各界对宏观经济政策的大讨论（Bostic et al.，2009）[53]，关于美国的研究，如斯金纳（1989）基于美国1973~1981年的PSID数据，分析了美国房产价格波动的财富效应，发现不同的计量模型在计算财富效应时结果不同。恩格尔哈特（1996）采用中位数回归方法，分析了美国1981~1989年的房产价格财富效应，发现中间储蓄水平的家庭房产价格财富效应为0.03，且房产财富上涨和下跌的群体其储蓄行为不同。莱文（Levin，1998）[54] 利用美国的退休历史调查数据（Retirement History Survey，RHS）研究发现，居民消费对于流动性资产价值的变动反应更为敏感，而对像房产这样流动性不强的资产的反应不敏感，他发现在存在心理账户的情况下，年轻人的房产增值不会增加消费，而退休家庭只有遭遇到了财务危机且其他的流动性资产已经花光的条件下，才会动用房产来保障消费。莱纳特（Lehnert，2004）[55] 基于 1968～1999 年的 PSID 数据，按照年龄对美国人口进行分组后计算了居民消费对于房价波动的弹性，发现年轻组和接近退休组人口的弹性较高，而中年组的弹性几乎为零。

美国以外的地区房产价格财富效应的研究，如迪士尼（Disney，2002）等[56] 基于微观家庭调查数据，研究了 20 世纪 90 年代英国房产价格波动的财富效应，发现英国房产价格波动的财富效应在 0.01～0.03，且居民消费对于房价的上涨反应程度要高于对于房价下跌的反应程度。麦勒斯（Miles，1997）[57] 同样基于微观家庭调查数据，发现英国居民消费对于房价的波动反应微弱，且反应的方向会随着时间的变化而变化。格兰特和佩尔托宁（2008）发现意大利的房产价格财富效应很小且不显著。博韦尔（Bover，2005）[58] 基于 2002 年的西班牙家庭金融调查数据，研究发现存在显著的房产价格财富效应，且从人口分布来看，处在黄金年龄（prime age）阶段的人群财富效应最强，从房产拥有数量来看，拥有第一套房产的财富效应最强，第二套房产财富效应次之。卡特（Catte，2004）等[59] 则对德国、意大利、西班牙、加拿大、荷兰、英国和美国的房产价格财富效应进行了对比分析。古鲁阿尔（Girouard，2010）[60] 则研究了 OECD 国家的房产价格财富效应。

3. 研究热潮的持续

三位美国经济学家尤金·法玛（Eugene. Fama）、彼得·汉森（Peter. Hansen）、罗伯特·席勒（Robert Shiller）因对资产价格的实证分析获得 2013 年诺贝尔经济学奖，反映出经济学界对资产价格的关注。而在财富效应研究领域，时至今日，资产价格财富效应仍然是一个热门研究话题，不过在研究方法、研究对象上与传统有所不同。如法玛（Farmer，2012）[61]基于对美国 1912 年来的股票市场价值与就业之间的关系研究，认为由于房价的暴跌导致的 2008 年股市的暴跌，导致了美国的经济衰退。卡罗尔（Carroll，2011）[62]试图在研究方法上进行创新，他们将行为金融的相关理论纳入分析框架，将消费的习惯形成因素考虑到模型中，计算财富变动的短期和长期财富效应。辛格（Singh，2012）[63]研究了印度的股票价格的财富效应，不过他在估算结果时，采用了贝叶斯 VAR 模型。阿什利和李（Ashley and Li，2013）[64]则对财富效应的波动性问题进行了较为深入的研究，发现资产价格的波动频率对财富效应至关重要，他们的研究，进一步拓宽了财富效应的研究内容。

2.2.2 财富总量迅速增长中的中国经济

中国经济已跃居全球第二大经济体，在经济总量高速增长过程中，居民财富迅速积累，但同时伴随着市场化改革的推进，要素价格的市场化进程的深化，资产的市场价格的波动对居民财富总量的变动日趋重要。以房产、股票、外汇、黄金等为代表的资产构成了除居民储蓄以外最重要的居民财富，这部分财富的价值在受到资产价格的波动而发生变化时，对居民消费的影响是什么也逐步为人所重视。

中国经济在长期高速增长中所取得的成就是全球举目的，在此过程中，中国居民的私人财富不断积累。根据财富的形式，居民财富可以分成金融资产和实物资产两大类。瑞银财富报告 2012（Global Wealth Report 2012），给出了中国成年人人均财富总量，其中，中国成年人人均财富从 2000 年的 6 000 美元迅速增长到 2011 年的 20 500 美元，12 年间财富总量增长了 2.4 倍，而中国家庭财富总值从 2000 年的 4.7 万亿美元增加到 2012 年的 20.2 万亿美元，中国的家庭财富总量排名全球第三位，比排名第二位的日本低约 25%，比排名第四位的法国高 59%。

在财富总量迅速增长的同时，从结构上看，以股票为代表的金融财富也迅速增长，1992—2012 年中国股市总市值变化状况见图 2.2。

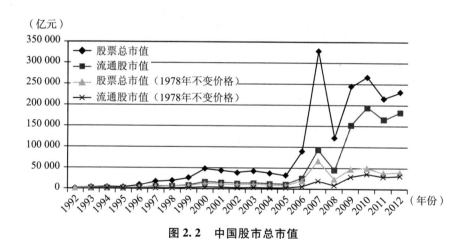

图 2.2　中国股市总市值

注：股票市值数据来源于中经网数据库，平减后的数据为笔者计算。

图 2.2 中中国股市总市值在 1992 年的收盘总市值为 1 048 亿元，而到了 2012 年底收盘总市值为 230 357.62 亿元，名义上看 2012 年年底总市值为 1992 年底的 220 倍，按照 1978 年不变单价计算的话，

2012 年底市值为 1992 年底总市值的 90 倍。流通股市值也从 1993 年的 862 亿元增加到 2012 年的 181 658.3 亿元，流通市值所占比例也由 24% 提升为 79%。图中中国股市的总市值从 2005 年开始迅速增长，在 2007 年达到最高值后迅速调整，之后总市值虽然有所反弹，截至 2012 年底仍没有超过 2007 年的最高水平。

非金融财富也在迅速积累。居民非金融财富主要为居民持有的固定资产，主要包括了房产、商业地产、金银等，而其中最重要的固定资产非房产莫属。我国居民人均住房面积变化见图 2.3。

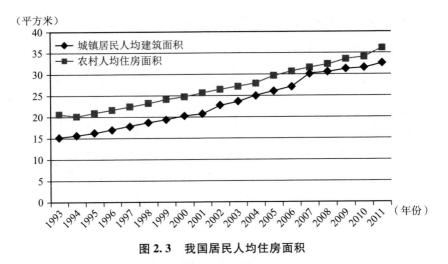

图 2.3　我国居民人均住房面积

注：数据来源于中经网数据库。

图 2.3 中，我国城乡居民的人均住房面积自 1993 年来不断提升，城镇居民人均建筑面积由 1993 年的 15.2 平方米增长到 2011 年的 32.65 平方米，在不到 20 年的时间里城镇居民的人均住房面积提高了 1 倍多，而上述结果的出现是伴随着中国迅速的人口城市化进程的，大量的农村居民实现了身份转变，成为城镇居民，因而从总量上

来看，我国城镇居民的住房面积总量增长是非常惊人的，也意味着城镇居民的房产财富总量也是非常庞大的；同样在城镇居民人均住房面积迅速增长的同时，农村居民的人均住房面积也由1993年的20.7平方米提升到2011年的36.2平方米，提升了0.75倍。在房产价格迅速上涨的过程中，伴随着居住面积的增加，居民房产形式的财富不断升值。

2.2.3　资产价格波动对居民财富变动影响日趋重要

1. 居民房产价格的波动主导了房产财富的波动

1998年我国开始实施住房货币化改革后，我国的房地产市场也开始逐步进入到了一个飞速发展的时期。城镇居民的改善性住房、投资性住房、城镇化的刚性住房等，使得从数量上来看居民住房面积不断提升，从而增加了居民的房产财富，但如前文所分析的，从1993年~2011年年底我国的人均住房面积约增加了1倍，而城镇人口1993年为33 173万人，2011年年底为69 079万人，城镇人口增加了约1倍，但同期的房产财富总量却变为了原来的9倍①。因而可以初步估算由于居住面积的增加和人口的增加，城镇的房产价值按照可比价格计算的话，应当是原来的约4倍，而实际却是原来的9倍。因此可以判断，在上述期间房屋价格发生了迅速上涨，因此居民持有的房产财富剧增。[65]

为了更为准确地反映价格变动在居民房产财富变动中的地位，表2.1给出了基于居民房产财富初步估算的财富变动分解。

---

① 1993年的城镇房产总价值等于城镇总人口33 173万人乘以人均房产价值15 698.56元，从而得到1993年房产总价值约为520 768 330.9万元，同理2011年的房产总价值约9 665 868 022万元，2011年房产总价值是1993年的约18倍，在对房产价值以1978年为定基的CPI平减后，2011年房产总价值是1993年的约8.97倍。

表 2.1 城镇居民人均房产财富变动分解

年份	城镇人均房产价值实际变动	价格变动导致的房产价值变动①	住房面积变化导致的房产价值变动	价格变动导致的房价价值变动占比	年份	城镇人均房产价值实际变动	价格变动导致的房价价值变动	住房面积变化导致的房产价值变动	价格变动导致的房价价值变动占比
1994	−527.9	−705.6	177.7	1.34	2003	728.1	341.0	373.7	0.47
1995	6.8	−185.6	199.5	−27.28	2004	1 994.3	1 360.4	559.2	0.68
1996	486.2	250.9	224.5	0.52	2005	2 066.4	1 465.6	536.3	0.71
1997	721.9	432.7	268.9	0.60	2006	1 242.2	670.3	546.2	0.54
1998	604.6	265.8	325.4	0.44	2007	3 352.1	1 473.3	1 715.7	0.44
1999	332.4	66.4	263.5	0.20	2008	−1 053.5	−1 344.3	313.1	1.28
2000	530.8	180.4	342.0	0.34	2009	4 787.4	4 282.3	407.1	0.89
2001	359.9	161.3	194.7	0.45	2010	1 144.3	919.1	216.5	0.80
2002	1 204.2	373.8	794.5	0.31	2011	1 036.9	240.4	788.4	0.23

①计算方法为用平减后的价格变动乘以住房面积，具体计算公式为 $\Delta P_t \times (Q_t + Q_{t-1})/2$，其中 P_t 和 Q_t 分别为 t 期的房产均价和人均居住面积。

注：根据中经网数据库计算。

表 2.1 中给出了 1994～2011 年我国城镇居民人均房产财富变动的分解，表中数据均以 1978 年不变价格进行了平减。表中，人均房产价值变动最大的年份为 2009 年的 4 787 元，而这一年中由于价格的变动所导致的房产价值变动为 4 282 元，由房价变动所导致房产价值变动占到的比重为 89%。人均房产价值的减少最多的年份为 2008 年，由于价格变化导致的房产价值的缩水为 1 344 元，而同期房产价值总的缩水量为 1 053 元，可见房产价格的波动主导了该年的房产价值变动。表中给出了房产价格变动导致的房产价值波动与当年房产价

值波动的比例, 该比例较高的年份为 1994 年、1995 年、2008 年、2009 年、2010 年。从绝对值来看, 对比分析房产价格波动导致的财富波动与住房面积变化导致的房产价值波动, 在 1994 ~ 2011 年的 18 个年份中, 有 9 年前者超过了后者, 房价的波动几乎占到了房产价值的变动, 特别是自 2003 年房价水平迅速上涨以来, 除 2003 年和 2011 年, 房产价格波动导致的财富波动超过了住房面积变化导致的房产价值波动。城镇人均房产价值的变动及其变动分解见图 2.4。

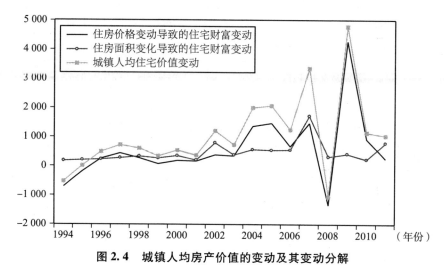

图 2.4 城镇人均房产价值的变动及其变动分解

注: 根据中经网数据库计算。

从图 2.4 中发现房产价值的波动几乎与价格波动所导致的房产价值波动的走势是同步的, 反映出价格的变动对居民房产财富的影响是至关重要的。而图中住房面积的变化导致的房产财富变化的走势是较为平稳的, 波动幅度不大。城镇居民人均房产价值变动的描述性统计见表 2.2。

表 2.2　　　　　　城镇居民人均房产价值变动的描述性统计

统计量	房产价格波动导致的房产价值波动	住房面积的变化导致的房产价值波动	房产价值波动
均值	569.3444	458.1611	1 056.506
中位数	303.4000	333.7000	725.0000
最大值	4 282.300	1 715.700	4 787.400
最小值	- 1 344.300	177.7000	- 1 053.500
标准差	1 163.254	367.1223	1 355.873
偏度	1.665128	2.395888	1.217876
峰度	7.085469	8.747737	4.633685

注：根据中经网数据库计算。

表 2.2 给出了 1994～2011 年城镇居民人均房产价值变动及其分解的描述性统计，从方差来看，房产价格波动导致的房产价值波动数据的标准差为 1 163，明显大于住房面积变化导致的房产价值变动数据的标准差，即近些年来我国居民房产价值的波动主要来源于房产价格的波动。结合图 2.4 中的图形变动走势，发现如果以 2003 年为界，2003 年之前房价波动导致的房产财富波动应当是比较小的，从统计上看其标准差为 349.5，而 2003 年及以后的年份中，标准差则为 1 497.8，这也说明近些年来由于房价的波动，伴随着居民持有的房产量的不断增加，房价波动导致的居民财富波动日趋显著。

2. 股票市场价格

以上证综合指数为例，股票价格指数从 1992 年的 780 点变为 2012 年年底的 2 270 点，名义上来看，上证指数在 20 年间变成了原来的 2.9 倍。我国历年证券价格走势见图 2.5，图中上证综指和深证综指在波动中呈现上升趋势，且在近几年波动幅度明显加大。

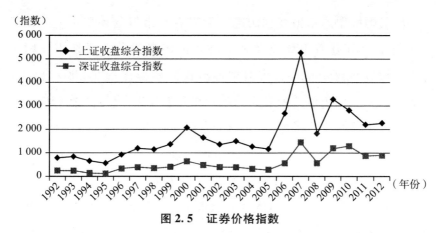

图 2.5　证券价格指数

注：数据来源于中经网数据库。

表 2.3 对 1992～2012 年我国股市市值的变化从价格波动和股份增加两个角度进行了分析。

表 2.3 　　　　　　　　　　股票市值变动分解　　　　　　　　　　单位：亿元

年份	股票总市值变动	价格变动导致的股票总市值变动	股票发行导致的总市值变动	价格变动导致的股票市值变动占比	年份	股票总市值变动	价格变动导致的股票总市值变动	股票发行导致的总市值变动	价格变动导致的股票市值变动占比
1993	852.8	-413.2	1 265.9	-0.48	2003	836.4	-28.1	864.5	-0.03
1994	-204.1	-1 080.5	876.3	5.29	2004	-1 548.3	-2 560.5	1 012.3	1.65
1995	-213.5	-392.7	179.2	1.84	2005	-1 140.7	-1 631.3	490.6	1.43
1996	1 414.1	189.2	1 224.9	0.13	2006	11 992.5	5 168.7	6 823.8	0.43
1997	1 677.4	1 391.9	285.5	0.83	2007	47 294.8	35 651.1	11 643.7	0.75
1998	482.6	-310.5	793.1	-0.64	2008	-43 057.5	-61 421.0	18 363.5	1.43
1999	1 675.3	547.6	1 127.7	0.33	2009	23 782.7	21 618.7	2 164.0	0.91
2000	4 956.2	3 134.2	1 822.0	0.63	2010	2 508.2	-9 036.0	11 544.2	-3.60
2001	-1 121.6	-4 260.6	3 139.0	3.80	2011	-11 499.7	-15 205.2	3 705.5	1.32
2002	-1 117.5	-2 265.9	1 148.4	2.03	2012	1 727.1	-673.0	2 400.2	-0.39

注：市值数据的单位为亿元，以 1978 年不变单价计算，数据根据中经网数据库数据计算得出。

从我国股票总市值变动的绝对值来看，市值变动最小的年份为1994年，而伴随着IPO以及企业增发的不断进行，股票市场财富的变动幅度也逐步增大，市值增加最大的年份出现在2007年，为35 651亿元，而市值减少最大的年份出现在2008年，而在相应年份中，由于价格的波动所导致的市值变动分别是市值变动总额的0.75倍和1.43倍。从价格波动导致的市值变动与总市值变动之比指标来看，价格变动对总市值影响较大的年份为1994年、2001年、2010年、2002年、2004年、2005年、2008年、2011年、2007年、2009年等，从绝对值上来看，价格变动导致的股票总市值变动超过了股票发行导致的总市值变动的年份有12年，特别是近十年来，除去2003年和2012年，股票价格的波动几乎主导了股票总市值的波动。为了更直观地分析我国股市总市值变动的规律，图2.6给出了股市财富变动的趋势以及变动来源分解。

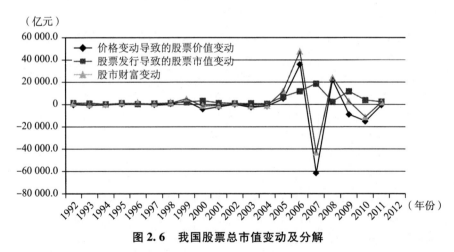

图2.6　我国股票总市值变动及分解

注：图中数据根据中经网数据计算。

从图2.6中发现在2004年之前三条线的走势是相互缠绕的，但从 2004 年开始，三条线的变动幅度明显加大，虽然 IPO 以及企业增发等因素导致了股市财富的较大变化，但从走势上来看，股票价格的波动却主导了股市总市值的变动，二者的变动走势高度吻合。股票市场成立 20 年来，我国的股市总市值按照可比价格计算的话，增长了约 220 倍，股票价格的轻微波动必然导致居民股票财富总量的剧烈波动，伴随着居民财富配置中股票财富的不断提高，居民的财富总量必然会日益受到股票价格波动的影响。

2.3　财富效应与中国经济

2.3.1　中国经济的长期增长需要研究财富效应

中国长期以来的经济增长是出口和投资推动型的，居民消费一直没能成为我国经济长期增长的主要拉动力量。特别是在全球经济危机之后，出口需求疲软，同时人民币不断升值，导致出口对国民经济的拉动潜力不断被削弱，同时由于资本的边际效率递减，长期的投资推动的经济增长模式也需要转变，因而寻求消费需求拉动的经济增长突破至关重要。虽然影响居民消费的路径众多，但伴随着居民财富的不断积累，资产价格波动影响居民消费的财富效应路径应当引起足够的重视，因而资产价格财富效应在中国是否存在，以及财富效应对消费的影响有多少，直接关系到居民消费的提高。

2.3.2　经济的稳定需要研究财富效应

经济周期的存在使得物价水平呈现出通胀与通缩的交替，导致资产价格相应地上升或者下降，这种资产价格的上升和下降可能对经济增长本身起到反作用，加大或者缩小了经济波动幅度，因此出于经济的稳定增长需要，有必要研究资产价格财富效应。同时经济过热或过冷，影响了资产价格，资产价格的波动进而反作用于经济增长，因而通过采取相应货币政策以影响资产价格，从而干预经济成为各国政府的重要调控手段。资产价格财富效应也成为货币政策的重要传导路径之一，从政策需求的角度来看，有必要研究资产价格财富效应。

2.3.3　深入了解货币政策的传导路径

货币政策传导问题是宏观经济中的重要理论问题，在中国的转型经济环境下，货币政策的传导路径是多元的，存在诸如利率渠道、信用供给渠道、资产组合效应渠道、财富效应渠道、股票市场渠道、汇率渠道等多条路径，每条路径中的具体传导机制需要进行深入研究，在货币政策影响资产价格，从而导致了资产价格财富效应的传导路径中，财富效应的传导机制是否是一成不变的，大小是什么，这是值得进行深入研究的；同时，伴随着居民财富的不断积累，由于有众多研究发现资产价格的财富效应方向是会发生逆转的，资产价格财富效应的演变方向又是什么，这是一非常重要的理论课题。对于资产价格财富效应的研究，有助于对上述问题的回答。

第 3 章

相关理论及研究回顾

3.1　财富效应的理论基础

资产价格的波动，会导致财富价值的变化，而财富变动通过影响居民的心理账户、行为方式、生命周期财富预期、预算约束、经济预期等，进而影响到居民消费，这是财富效应的本质，因而国内外关于财富效应的研究主要基于消费函数理论和行为金融理论。

3.1.1　消费函数理论

消费函数理论认为居民消费的变动与居民收入、财富、预期等因素间存在稳定的函数关系，当这些影响因素发生变化以后，会导致居民消费发生相应的变化，因而财富效应研究中要分析财富变动对于居民消费的影响，其首要工具就是消费函数理论。

消费函数理论主要有凯恩斯（1936）提出的绝对收入假说（Absolute Income Hypothesis，AIH）、杜森贝利（1949）提出的相对收入假说（Relative Income Hypothesis，RIH）、莫迪利安尼（1954）的生命周期假说（Life Cycle Hypothesis，LCH）、弗里德曼（1957）的持久收入假说（Permanent Income Hypothesis，PIH），之后霍尔（Hall，1978）[66]和弗莱文（Flavin，1981）[67]集中探讨了理性预期理论和生命周期理论以及持久收入理论的综合性内涵，他们的研究成果构成了 LC – PIH 模型，把持久收入理论对未来预期的强调和生命周期理论对财富和人口统计变量的强调结合起来，把财富当作总消费最重要的决定因素。这一理论以理性预期、确定等值、资本市场完全三个关键性假设为基础，利用理性预期方法整合生命周期假说和永久收入假说，之后大量学者基于 LC – PIH 模型，建立计量经济模型对财富效应进行实证研究。

1. 绝对收入假说

20 世纪初的西方经济危机，使得凯恩斯从需求角度分析社会经济关系，认为社会的总产出是由需求所决定的，而由于有效需求不足，古典经济学市场有效的假设不再成立，因而治理经济危机的办法就是实施需求管理的宏观经济政策。有效需求不足的表现之一即是消费需求不足。凯恩斯在《就业、利息与货币通论》中，认为在影响消费的众多因素中，当期收入是最重要的因素，从而建立了绝对收入消费函数：

$$C_t = \alpha + \beta Y_t$$

其中，C_t 为当期消费，Y_t 为居民当期可支配收入，α 为自主消费倾向，β 为边际消费倾向，由于存在边际消费倾向递减规律，在居民收入中，伴随着收入水平的不断提升，消费所占的比例将逐渐降低，因而消费需求不足。

凯恩斯消费函数理论的提出，为今后研究居民消费问题提供了重要的研究工具，使得消费函数逐步成为研究居民消费的最为重要的工具。同时，凯恩斯消费函数中，认为当期收入对当期消费存在重要的影响。如果居民将当期收入的变化作为未来财富变化的信号，认为这预示着未来总的生命周期财富会发生变化，那么边际消费倾向的含义则会扩大，即包含了财富效应，反映了未来预期财富的变化对居民消费的影响。

2. 相对收入假说

杜森贝里（Dusenberry，1949）[68]考虑到了消费习惯对于居民消费者的影响，并最早将其纳入到经济研究的理论中，认为消费者的消费支出不但会受到当期收入的影响，也会受到自己过去的消费水平以及自身周边群体的消费水平的影响，并从消费存在棘轮效应和示范效应的角度提出了相关了理论假设（薛永刚，2012）[69]。

棘轮效应认为，居民的消费会受到过去的消费水平的影响，当期收入如果提升了，则当期消费会随之而增加。而如果当期收入降低了，那么由于受到过去消费水平的影响，居民消费水平不会发生同步降低，即居民消费呈现出能升而不能降的特点。棘轮效应的提出，从消费行为的角度分析了影响居民消费的因素，认为居民过去的消费行为会对当期消费产生重要影响。

示范效应认为，居民消费会受到周围人群的消费水平的影响，当居民收入水平下降时，由于观察到周围人群的消费水平没有发生变化，居民消费也不会发生下降，居民会"打肿脸充胖子"，保持自己的消费水平不变。

3. 生命周期假说

生命周期假说由莫迪利安尼提出的，认为消费受到居民生命周期内的财富总量的影响，居民会对自己生命周期内的所可能获得的收入总和和财富进行评估，进而居民在生命周期内，平滑自身的消费，以实现生命周期内的效用最大化。因而在居民年轻时，要进行储蓄，而在退休后，由于没有收入，从而进行消费。即居民消费总量为居民在生命周期中所占有的财富总量。典型的生命周期消费函数为：

$$C = \alpha WR + \beta YL$$

其中，WR 为消费者的生命周期初始的财富占有量，而 YL 为居民从初始时间点开始在今后可能获得的总收入。生命周期理论将居民预期到的其生命周期中所可能会占有的财富总量纳入到了消费函数中，强调了预期生命周期财富在居民消费变动中的作用，从而使得生命周期理论成为今后分析财富效应的重要理论基础。

4. 持久收入假说

弗里德曼认为居民消费支出不是主要取决于当期收入而是取决于长期收入水平，认为短期收入是在不断波动的，但当期的消费波动却并不随着当期收入的波动而发生同样的波动，短期消费的波动低于收入的波动，消费呈现出某种惯性，即认为当期收入提高时，当期消费的提升幅度是比较小的，而当期收入下降时，当期消费也不会大幅度下降。同时，认为居民的当期收入虽然是不断波动的，但居民的长期收入却不会在短期发生大的波动，居民的消费水平取决于长期收入水平，而不是短期收入水平。

因而，持久收入假说的消费函数为：

$$C = \alpha YP$$

其中，YP 为居民的持久收入水平。居民消费不受到短期收入的影响，这一理论类似于生命周期假说，但不同的是，生命周期假说并没有提出估算生命周期财富的方法，而持久收入假说的重要内容就是提出了估算持久收入的方法。

一个典型的估算持久收入的方法如下：

$$YP_t = YP_{t-1} + \gamma(Y_t - YP_{t-1})$$

其中，YP_t 为 t 期的持久收入，Y_t 为 t 期的当期收入水平，即居民会对于持久收入进行不断调整，持久收入取决于上一期的持久收入水平加上居民的适应性预期。对上式进行迭代，可知：

$$YP_t = \gamma Y_t + \gamma(1-\gamma)Y_{t-1} + \gamma(1-\gamma)^2 Y_{t-2} + \cdots + \gamma(1-\gamma)^n Y_{t-n}$$

上式表明，居民持久收入被归结为过去年份实际收入的加权平均，不同年份所占的权重不同，与当期间隔时间越短，权重越大，因而它们在居民对持久收入的估算中地位越重要。持久收入假说认为的居民消费取决于持久收入，实际上认为居民消费取决于居民的预期收入财富量。因而持久收入假说与生命周期假说常常一起，作为研究居民财富效应的理论基础。

5. 理性预期生命周期—持久收入假说

霍尔（1978）在生命周期理论以及持久收入假说基础上，将理性预期理论纳入到消费函数模型中，认为居民消费符合随机游走假说，当消费者的效用函数为二次型，且主观折现因子等于利率时，消费者不同时期的消费过程是一个鞅序列（martingale），即：

$$E_t C_{t+1} = C_t$$

其中，C_t 为 t 期的消费，E_t 为基于 t 期信息的消费者预期。将上式进行变形得：

$$C_{t+1} = C_t + \varepsilon_t$$

其中，ε_t 为随机误差项，且 ε_t 满足 $E_{t-1}\varepsilon_t = 0$，$t = 1, 2, 3, \cdots, T$。

根据上述公式，t 期的消费是对 t+1 期消费的最优预测，t+1 期的消费与当期收入无关，消费服从随机游走特征。

萨金特（Sargent，1978）在收入外生与内生的情况下，分别基于理性预期理论，建立了消费的结构化方程，并利用实证数据进行了检验。

弗莱文（1981）认为，萨金特（1978）以未来可支配收入的现值计算持久收入的方法是错误的，因为可支配收入不仅仅包括未来的劳动收入还包括非劳动收入，但非劳动收入的现值和并不等于现有的非人力财富。霍尔（1978）在计算消费符合随机游走时，所建立的回归方程是一种简化式方程（reduced form），回归系数并不能表明变量间的结构化关系。弗莱文（1981）建立了消费的结构化关系式（structual form），认为当期收入的变动会导致消费者对未来持久收入产生预期，进而消费对于预期的持久收入产生反应。霍尔（1978）和弗莱文（1981）的研究成果构成了理性预期生命周期持久收入假说。

6. λ理论

由于观察到居民消费对当期收入具有过度的敏感性，坎贝尔和曼昆（1989；1991）建立了 λ 模型，在模型中，将所有消费者分成两类，一类消费者的消费过程遵循 LC – PIH 理论，根据生命周期的财富和收入情况平滑自己的消费，其最优消费路径遵循随机游走理论：

$$\Delta C_{t1} = \varepsilon_t$$

而另一类消费者的消费过程遵循凯恩斯的绝对收入理论，其消费对于当期收入存在过度敏感性，设第一类消费者的比例为 $1 - \lambda$，其中 $\lambda \in (0，1)$，则第二类消费者的比例为 λ，设该类消费者消费其当期收入，则其消费函数为：

$$C_{t2} = \lambda y_t$$

其中，y_t 为全社会的当期收入，则该群体的消费变动为：

$$\Delta C_{t2} = \lambda \Delta y_t$$

则全社会的居民消费变动为：

$$\Delta C_t = \Delta C_{t1} + \Delta C_{t2} = \lambda \Delta y_t + \varepsilon_t$$

坎贝尔和曼昆计算了第二类人群所占的比例，约为 50%，但他们也承认，上述 λ 理论将全社会人群区分为两类遵循不同消费函数理论的群体是有局限性的，λ 理论无法区分另外一种情况，即消费者并没有分成上述两种类型的消费者，而是消费者存在惰性，诸如消费习惯等的存在，或者消费者对收入变动的反应存在延迟，λ 的含义只是表示消费反应的迟钝性。

3.1.2 行为金融理论

消费函数理论只是解释财富与消费之间关系的一种视角，另一些学者则从行为金融学的视角解读了财富效应的存在基础，更加丰富了现代财富效应研究的理论基础。

心理账户理论：该理论认为居民对于不同的收入会建立不同的心理账户，这些心理账户对消费的影响是不同的。如莱文（1998）认为当存在心理账户的条件下，年轻人的房产增值不会增加消费，而退休家庭只有遭遇到了财务危机且其他的流动性资产已经花光的条件下，才会动用房产来保障消费。再如，在存在心理账户的前提下，消费者发现股票价格的上涨导致了自身的股票财富的增加，会单独建立一个股票财富的心理账户，并动用这个账户的资金增加消费。

预期理论：在财富效应视角下，居民消费不仅取决于当期财富价值，还取决于未来的预期财富，从而人们在未来收益增加的驱使下，消费者的现期消费支出将增加。

影子财富：金融资产财富并不能非常顺利地变现为现实财富，因而对于这种财富的幻觉就称为是影子财富，而当资产价格上升时，影子财富的不断增加会使得居民消费大大增加，反之则下降。

过度自信与反应：指居民过分相信自身对于未来的把握和预测能力，从而过分相信自身的投资决策判断，从而容易造成决策失误，而过度反应指经济人对信息反应过度偏激，特别是在金融市场上，由于存在过度自信，导致做出过度乐观的预期判断，把影子财富的增长当作实际财富的增长，从而增加居民消费。

3.2 资产价格财富效应的影响路径

对于财富效应影响居民消费的路径，众多学者从不同角度进行了总结，如路德维格和斯洛克（2002）从广义财富效应的角度，认为财富效应主要表现为：实现的财富效应（realized wealth effect）、未实现的财富效应（unrealized wealth effect）、预算约束效应（budget constraint effect）、流动性约束效应（liquidity constraints effect）和替代效应（substitution effect）。除了上述几个方面的路径外，其他学者还提出了心理账户效应、预防性储蓄效应、收入再分配效应以及资产配置效应等财富效应路径。这几个方面的路径相互作用，共同成为财富效应的传导路径。而其中，资产价格的财富效应主要包括了信心效应、收入效应、心理账户效应、预算约束效应、预防性储蓄效应、收入再分配效应以及资产配置效应。

3.2.1 信心效应

信心对消费非常重要（Acemoglu and Scott，1994）[70]，在市场经济中，价格在充当资源配置的无形之手时，其机制之一就在于价格提供了一种信号，买卖双方会根据价格信号对未来的市场行情进行判断，形成对于未来的一种预期。当资产价格发生波动时，使得居民对于未来经济形势的判断发生变化，当资产价格上涨时，消费者认为未来经济形势会变好，居民对于未来的收入和消费环境有着更为乐观的预期，因而这种对未来经济形势转好的信心会使得居民增加当期消费。从方向上来看，在资产价格上涨时，信心效应应当使得居民消费增加。

3.2.2　收入效应

资产价格的波动使得居民获得了财产性的投资收益，当资产价格上升时，如果资产回报率不变，那么这种财产性收入就会增加。如当房价不断上升时，房屋的租金往往也会水涨船高。由于居民消费对当期收入表现出过度敏感性的特征，这种当期收入的增加，无疑增加了居民当期的可支配收入，因而收入的变化引起了居民消费的变化。从方向上看，当资产价格上涨时，收入效应使得居民消费会增加。

3.2.3　心理账户效应

在消费者存在心理账户的情况下，会将资产价格波动所导致的财富变动进行区别对待。如当资产价格持续上涨时，居民的前期资产投资行为如果因此而获利，会将进行资产投资的收益与其他的劳动收入进行区别对待，并按照一定的模式进行不同的消费行为。同时，由于不同的资产流动性不同，流动性越高的资产，其变现能力越强，即使是消费者没有将资产的投资收益部分变现，在影子财富的作用下，消费者仍然会增加消费，因而消费者对这部分资产的反应程度会越大。从方向上看，当资产价格上涨时，心理账户效应会使得消费者增加消费。

3.2.4 预算约束效应

居民在进行资产购置和消费时会面临预算约束，在一个成熟的信贷市场中，居民可以借助信贷市场进行借贷从而平滑消费，或者进行资产购置。当资产价格上涨时，使得居民借贷时抵押物的市场价值不断上升，因而居民所面临的预算约束会放松，从而使得居民消费会增加。从方向上看，当资产价格上升时，预算约束的放松，会增加居民消费。当然这种增加受制于信贷市场的发育情况，如果信贷市场是充分发育的，那么上述增加消费的情况是存在的，但如果信贷市场发育不完善，那么消费的增加将会受到抑制，甚至不会增加。

3.2.5 预防性储蓄效应

预防性储蓄理论认为居民进行储蓄的动机之一在于防范风险，而居民持有资产的动机之一也是进行风险防范，在居民面临风险时，首先会动用自身的储蓄，但当自身储蓄被使用完以后，居民所持有的资产则会成为新的支付手段，此时居民持有的金融资产往往会被首先用于支付，当支付不足时，居民持有的非金融资产也会充当最后的支付手段。因而，当资产价格上涨时，作为最终支付手段的资产，其财富量的增加，使得居民不需要再持有大量的储蓄，因而居民的预防性储蓄会降低，相应的居民消费会增加。因而从方向来看，资产价格的上涨，预防性储蓄动机的降低，会增加居民消费。

3.2.6 收入再分配效应

收入再分配效应广泛存在于房地产市场和股票市场中。在房地产市场中，由于房产是生活必需品，且价值量较高，因而有部分人群难以承受起高的房价，因而会选择租赁房屋进行居住。当房屋价格发生上涨，房屋的租金价格往往也会提高，因而这种房价的上涨使得租房者和房东之间发生了收入的再分配，租房者由于租金的提升不得不降低消费，而房主则由于租金的提升会增加消费，但这两类人群的边际消费倾向是不同的，因而从全社会来看，这种收入的再分配会改变整个社会的消费量。从理论上来看，租房者的收入往往较低，有着较高的边际消费倾向，因而这种收入再分配效应会降低全社会的消费。而在股票市场中，由于股票的投资和投机行为，总有部分人会获益，同时部分人群会有损失，虽然此时从平均量上来看，人均的股票价值并没有变化，但由于投资的损益，股票财富已经进行了再分配。那么股票资产的损失一方就会降低消费，而股票盈利一方会增加消费。从方向上来看，当资产价格上涨时，由于存在增加和减少消费的两方面力量，因而其总的方向是什么很难确定。

3.2.7　资产配置效应

消费资本资产定价理论认为，居民消费、资产持有行为均能够为消费者带来效用，消费者会在消费与资产之间进行选择，同时不同资产间存在最优的配置比例，当不同资产的价格发生了非均衡性上涨后，居民的资产配置行为会发生改变，居民会根据自身的效用最大化，重新配置自身的消费量、储蓄量、不同类型的资产持有量等，因而在此过程中，居民消费也会发生变化。从方向上来看，这种资产配置行为对居民消费影响是什么还不确定。当资产价格上涨时，财富效应影响居民消费的路径见图3.1。

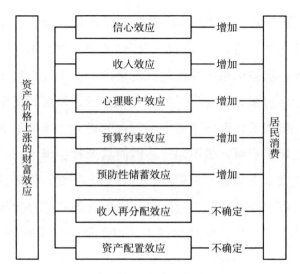

图 3.1 资产价格上涨的财富效应影响路径

图 3.1 中所给出的财富效应方向大部分为正，只有资产配置效应的方向不确定，因而资产价格的上涨中，财富消费的方向具体是什么要依赖于具体的经济计量。

3.3 研究回顾

3.3.1 资产价格财富效应的研究内容

1. 不同种类资产价格财富效应的分类研究

由于居民持有的资产不同，因此，财富效应的研究对象也有所不同，不仅需要研究包括股票、债券、外汇资产在内的金融资产的财富效应，还需要研究不动产的财富效应。

如国外研究房产财富效应的有斯金纳（1989）、恩格尔哈特（1996）、米尔鲍尔和墨菲（1997）、吉鲁阿尔和布伦达尔（2001）[71]、坎贝尔和科科（2007）[72]、阿塔纳斯奥（Attanasio，2009）[73]等，国内有黄平（2006）[74]、高春亮和周晓艳（2007）[75]、骆祚炎（2007）[76]、王子龙和许箫迪（2011）[77]等。

研究金融资产财富效应的文献有莱陶和卢德维格松（2001）[78]、米拉尔（Milani，2008）[79]等，国内如魏永芬和王志强（2002）[80]、李学峰和徐辉（2003）[81]、骆祚炎（2008）[82]、唐绍祥等（2008）[83]、王虎等（2009）[84]、姜百臣和马少华（2011）[85]等。

伴随着研究的深入，以及居民持有的财富结构的多元化，也有学者开始研究外汇资产的财富效应，如刘建江和匡树岑（2011）[86]、蒂尔（Tille，2008）[87]等，同时也有学者关注国债的财富效应，如郭宏宇和吕风勇（2006）[88]。

2. 不同类型财富效应的比较研究

除了单独研究某项资产的财富效应外，有学者开始对不同资产间的财富效应的关系以及大小进行比较分析。如本杰明（Benja-min，2004）[89]利用美国1952年第一季度至2001年第四季度的季度数据发现房产财富的单位价格上升会导致消费提高8美分，而金融资产财富的效应只有2美分，坤丹·基肖尔（Kundan Kishor，2007）[90]也有类似的结论，而最近的研究如卡罗尔等（2011）并不支持上述结论。

国内研究方面，田青（2011）[91]认为收入和消费习惯是影响我国居民消费的主要因素，实物资产对居民消费有较强的刺激作用，金融资产仅仅对当期居民消费有挤出效应。李莹和张屹山（2011）[92]发现我国股票资产价格变动的财富效应显著为负，但房屋销售价格波动与消费变动负相关却不显著。骆祚炎（2008）[93]认为我国居民金融资产和房产财富效应是存在的，从财富效应的大小来看，金融资产的财富效应大于房产的财富效应。

3. 不同国家和地区财富效应的比较

除了针对单个国家或地区的财富效应进行研究外，对于不同类型国家的财富效应的研究占到了很大的比重。路德维格和斯洛克（2002）对 16 个 OECD 国家的研究表明，以市场化金融体系为主导的国家中，房产价格的变化对消费的影响比以银行为基础的金融体系国家中更大，而且随着时间的变化，消费对房产价格的反应程度在增大，朱廖多里（Giuliodori，2004）[94]对于欧盟国家的研究也有类似的结论。佩尔托宁等（2009）[95]通过对 14 个新兴市场国家财富效应的比较发现，亚洲新兴市场国家房产财富效应较小，而拉美国家股票财富效应较小。斯拉卡勒（Slacalek，2009）[96]发现在抵押市场比较发达的国家以及市场化金融体系为基础的盎格鲁萨克逊国家财富效应更为显著，而在其他地区则不显著。

4. 财富效应的稳定性问题

波特伯（Poteba，2000）[97]认为资产价格波动的来源不同导致财富效应的表现不相同，青木（Aoki，2002）等[98]认为房价与消费间的关系在英国是变化的，汉姆伯格（Hamburg，2008）等[99]认为资产价值的暂时变化和持久变化对居民消费的影响是不同的。卡罗尔等（2011）的研究发现房产财富效应在短期是不明显的，但长期来看是显著的。

王子龙和许箫迪（2011）认为中国居民的财富特征与发达国家居民的财富特征明显不同，他们利用我国 30 个大中城市 1998～2009 年的季度数据，建立房产财富效应测度模型，发现我国 30 个大中城市的广义虚拟房产财富效应表现形式存在明显个体差异，大部分城市的房产财富效应为负，黄静（2011）[100]也有类似的结论，同时还发现股票财富效应非常微弱。许家军和葛扬（2011）[101]基于1999年不同收入等级的北京、上海等一线城市的面板数据研究，认为一线城市中高收入家庭中存在正的财富效应，而中低收入家庭表现为负的财富效应，从一线城市整体来看，财富效应为负。陈健和高波（2010）[102]从增长率角度认为，房价上涨对消费存在着显著的单门槛效应，呈现非线性的区制变化，尽管总体上房价上涨不利于促进消费，但是在不同类型的区制，对消费的抑制程度存在着明显的差异。李天祥和苗建军（2011）[103]发现房价上涨对于有房者和无房者的影响是截然相反的，房价上涨使财富从无房者向有房者集聚，使无房者的福利水平下降，房产的财富效应依赖于脱离居住用途而进入流通领域的房产数量，投机因素的存在会强化这种功能转变。

5. 财富效应的传导机制

房产的财富效应方面，青木等（2002）认为房产价格至少通过三个渠道影响消费。房产价格的高涨使消费者对未来更加乐观，从而会增加房产消费和非房产消费；房产价格的高涨使房产的交易更加频繁，从而增加耐用消费品的消费；消费者可以用房产做抵押进行消费信贷。路德维格和斯洛克（2002）认为存在五种传导渠道：兑现的财富效应、未兑现的财富效应、预算约束效应、替代效应、流动约束效应。

6. 财富效应的非对称性问题

财富效应的非对称，意味着当财富量变动时，财富的增加与财富的减少对于居民消费的冲击是不一致的。研究中，如波本（Berben，2006）等[104]发现滞后一年的居民储蓄会受到财富变动的非对称性影响，正向的家庭金融资产的增加能够显著降低居民储蓄，而负向的金融资产变动会显著增加居民储蓄，且从程度上看，前者是后者的两倍；佩尔托宁等（2009）发现，在新兴市场国家消费对于财富的负向冲击的反应大于对于正向冲击的反应。不同风险规避程度的消费者财富效应不同（Liao et al，2011）[105]。

3.3.2 研究资产价格财富效应的计量技术

早期研究主要通过建立对数线性回归模型，进行系数估计，求解资产系数，即为财富的边际消费倾向，但此方法暗含了单向因果关系，即财富是外生的。同时由于采用的消费、房产价格、股票价格等变量往往不平稳，存在伪回归现象，因此伴随着计量经济学的发展，基于 VAR（Lettau and Ludvigson，2001；Aoki et al，2002；骆祚炎，2007）、协整（Ludwig and Slok，2002；Benjamin et al，2004；刘建江和匡树岑，2011）等的计量方法逐渐被应用于实证研究中，成为主流的计量检验方法。

但上述方法存在的重要缺陷是，以协整为基础的计量方法分析的变量间的关系是一种长期关系，经济中存在大量的冲击，这种冲击在短期的影响是什么，长期关系是分析不出来的，特别是像股票、外汇这样的金融资产短期波动是常态，同时由于观察到财富效应可能不稳定，因而基于状态空间方法的变系数回归方法也逐步应用于实际计算中。同时由于考虑到居民消费的增长对财富的增长等外生变量的冲击具有惰性（sluggishness）的特点，近年来，在著名的生命周期—持久收入假说的基础上，很多学者将习惯形成（habit formation）参数引入了宏观经济计量模型（Carroll et al，2011；Slacalek，2009），并通过工具变量法估计出财富变动的短期和长期边际消费倾向，成为目前研究财富效应的新手段。

3.3.3 财富效应的研究结论

1. 财富效应方向存在争议

如田青（2011）在估算 2001 年以来我国居民的金融资产与实物资产价值基础上，认为收入和消费习惯是影响我国居民消费的主要因素，实物资产对居民消费也有较强的刺激作用，金融资产对当期居民消费有挤出效应，且挤出效应主要是储蓄和购买股票导致的，其他类型的金融资产如保险、债券等对居民消费的影响不显著。梁琪等（2011）[106] 的研究也支持房产财富效应为正的结论，他们基于省际面板数据，在生命周期理论消费函数的框架内采用基准模型和嵌套模型并利用面板协整的方法探讨了我国房地产市场的财富效应及其影响因素。实证结果表明，样本期内我国存在显著正向的房地产市场财富效应。

王轶君和赵宇（2011）[107] 采用我国 2001 年第一季度至 2009 年第三季度的季度数据，运用条件均值方法，对房产价格与消费之间的关系进行了实证检验。结果显示，当房价的涨幅超过 2% 时，房产价格的滞后四期对消费有显著负效应。黄静（2011）[100] 利用 30 个大中城市 1998～2009 年的非平稳季度面板数据，对我国城镇居民的房产财富效应进行了实证检验，发现近十年房价持续上涨，大部分城市的房产财富效应显著为负，全国总体来看房产财富效应微弱；各城市的房产财富效应表现形式存在明显差异；股票财富效应非常微弱，统计不显著。孙克（2012）[108] 基于我国 35 个大中城市 1999～2009 年面板数据的实证检验表明，地价与房价互为因果，但相互影响机制显著不同；房产的"财富效应"作用微弱，房价的过快上涨抑制了居民消费。谢洁玉等（2012）[23] 使用中国城镇住户调查数据，分析了房价对城镇居民消费的影响，认为平均而言，房价显著抑制了消费。

李莹和张屹山（2011）[92]基于误差修正模型建立动态消费函数，选取 1998～2010 年的季度数据为样本，对股票资产价格变动和房产价格变动的财富效应的研究表明，短期内，我国股票资产价格变动的财富效应显著为负，房屋销售价格波动与消费变动负相关却不显著。坤丹·基肖尔（2007）[90]发现美国 1 美元的财富变动，房产财富效应为 7 美分，而股票市场的财富效应为 3 美分，认为房产财富效应超过了股票财富效应，在于引起房产财富变动的因素主要为长期因素的冲击，而导致股票财富变动的因素主要为临时性因素冲击。

2. 财富效应的门槛效应

根据前文的分析，许家军和葛扬（2011）[101]认为不同收入阶层的财富效应存在正负差异，由于随着收入的增加居民财富应当是不断增加的，意味着应当存在一个使得财富效应发生方向转换的临界财富值。而陈健和高波（2010）的研究则证明了这种财富效应方向会发生区制性转换（regime switches）（Guidolin et al, 2007）[109]，他们发现房价上涨对消费的影响存在非线性的区制变化。

3. 财富效应的动态特征

唐志军等（2013）[110]基于状态空间模型，构建了我国长期和短期的消费函数，并利用 1994～2009 年的月度数据对我国房市和股市的财富效应进行了实证比较分析，认为我国房产财富和股票财富对消费的影响日趋稳定，具有趋于增强的可预测性，而且 1998 年以来的房产货币化改革给居民带来的财富冲击较大，而股票财富的上涨对消费有较大的挤出效应。然而在短期内，居民的收入、房产财富和股票财富对居民的消费有正的影响。

郑华和谢启超（2012）[111]通过建立包含居民消费、收入以及资产价格的均衡模型，并纳入通胀预期变量，运用状态空间模型以及广义脉冲响应函数等方法对不同资产的边际消费倾向时变特征进行了实证研究发现，房产在短期具有较强的正向财富效应，但在长期正向财富效应具有减弱的趋势；股票资产在短期具有财富效应，但在长期财富效应消失；不同资产的财富效应具有非对称性，房产的财富效应要远远大于股票资产。

张漾滨（2012）[112]运用生命周期假说消费函数模型，结合我国2005年7月～2010年8月的经济数据，对股价和房价波动对居民消费的影响进行了研究，认为从长期来看，房地产市场和股票市场都存在财富效用，但不明显，股票市场对消费支出的财富效应略大于房地产市场，但对消费的方差贡献率小于房地产市场，从短期来看，房地产市场具有显著的财富效应，而股票市场则不具有。

姚树洁和戴颖杰（2012）[113]以1997～2010年我国31个省（区、市）的房产价格和居民消费等作为研究样本，通过利用标准理论模型和拓展理论模型建立研究房产财富效应的动态面板数据实证模型，并采用系统GMM估计方法来测度中国房产的财富效应，他们研究认为，我国房产价格与居民消费之间存在正相关的关系，即房产具有财富效应，但是中部和东部的财富效应高于西部地区；但是随着经济的发展和居民收入水平的提高，房产财富效应呈减弱趋势，2004～2010年的房产对居民消费的长期弹性系数值显著小于1997～2003年的该值水平，下降达到48个百分点。

骆祚炎（2012）[114]采取状态空间模型和VAR模型检验了中国城镇居民资产财富效应的稳定性，得到了三个方面的结论：一是从强弱性来看，各资产的财富效应微弱；二是从稳定性来看，房产的财富效应相对稳定，证券类金融资产的财富效应最不稳定；三是由于财富效应的微弱性特征，其非对称性特征不明显。

4. 财富效应的国别差异

卡罗尔等（2012）[115]利用美国 1966 年第一季度至 2011 年第一季度的季度数据，发现美国的财富效应在长期来看为正，财富增加 1 美元会导致居民消费增加 1.2 美分。佩尔托宁等（2009）[95]利用 1990 年第一季度至 2008 年第二季度的数据，分析了 14 个新兴国家的财富效应，发现亚洲新兴国家房产财富效应较小，股票财富效应总体上小于拉美新兴国家，且亚洲国家的财富效应在近些年来一直呈现递增趋势，财富效应存在非对称性，居民消费对于财富缩水的反应超过财富增值的反应。斯拉卡勒（2009）[96]利用 1965～2003 年的季度数据，通过对 16 个国家的数据分析，发现在房产抵押市场高度发达的国家，以及盎格鲁－撒克逊国家以及其他的非欧洲区域的财富效应较大，其他地区财富效应非常微弱。坎贝尔和科科（2007）[72]发现在英国存在显著的房产财富效应，且拥有房产的老年人财富消费非常大，年轻租房者的财富效应不显著。

徐迎军和李东（2011）[116]通过文献梳理发现本杰明等（2004）[89]对美国的研究表明房产财富增加 1 美元将增加消费 8 美分，恩格尔哈特（1996）[33]通过对美国样本数据的研究表明房产财富的边际消费倾向为 0.03，吉鲁阿尔（2001）[71]通过对 OECD 国家的研究认为房产价格对消费具有显著的正的影响，米尔鲍尔（1997）[34]等通过对英国的数据研究认为，房地产市场财富效应在 20 世纪 80 年代消费繁荣时期起了重要作用。

3.4 对现有资产价格财富效应的研究评述

3.4.1 研究对象扩大，更加注重不同资产财富效应的比较与联系

研究对象从早期的股票市场、房地产市场的价格波动财富效应开始，逐渐有学者开始分析其他资产如外汇、债券等的财富效应，同时，由于意识到了不同资产间的相互影响，研究开始不仅仅关注单个市场的财富效应，而且关注不同资产间的相互作用和影响，以及消费对与不同资产价格变动的反应。同时，开始将非物质财富纳入到分析框架中来，将人力财富视为财富的一种进行分析，但目前对于人力财富的财富效应，以及人力财富对物质财富的财富效应的影响尚缺乏较为深入的探讨。

3.4.2 从宏观研究开始转向微观

财富效应的研究视角传统主要从宏观角度，但宏观研究得出的结论是不精细的，财富效应的结构性问题难以细化，基于家庭的微观调查数据的研究能够弥补这一缺陷，但微观角度的研究往往受到数据可获得性的限制，由于现有研究开始更加注重消费者行为以及财富效应的结构性问题，基于大型调查数据的微观研究开始增多，这也为今后我们研究中国的财富效应提供了新的角度。

3.4.3　研究技术方法不断改进

现有文献主要采用 VAR、协整方法，但这些方法假设变量间的关系在长期是保持不变的，因此上述方法分析的是一种长期的趋势，模型的估计也需要较大的样本，但实际是，变量总会受到各种各样的短期冲击，各种资产在短期的财富效应可能是迥异的，长期的趋势分析往往会掩盖短期的财富效应，已经有部分文献尝试区分财富效应的短期与长期影响，如卡罗尔（2011），这为我们从新的角度分析财富效应提供了思路。

3.4.4　国内目前研究的可能创新方向

国内对于财富效应的研究起初主要集中于股票市场，之后伴随着房地产业的兴起研究热点开始集中于房产财富效应，将二者同时分析的文献也开始出现（田青，2011；林霞、姜洋，2010；陈健、高波，2010），但研究结论并不一致。研究其他类型资产如外汇、债券等的文献也有出现，而将人力财富纳入分析框架的文献笔者通过数据库并没有发现。

同时，国外研究相对于国内研究而言，研究更加精细化，国内研究主要基于宏观统计数据进行分析，而国外研究开始基于微观调研数据进行分析，伴随着国内微观家庭调查数据的不断积累，基于微观数据的研究也会逐步成为今后的研究方向。

国内研究主流观点认为财富效应是稳定的，在实证研究中主要采用协整方法进行财富效应的计算，但针对财富效应的方向争议，有文献开始从动态的视角分析财富效应，如考虑区制转换和变系数回归方法等，从而更加精确地衡量财富效应，成为新的研究方向。

第4章

我国居民财富变动的
典型特征及财富估算

　　居民财富变动的特征是分析资产价格财富效应的基础，只有对我国居民的财富总量的变化、资产价格的变化进行全面的分析，掌握其变动历史和现状，总结其特征，才能够深刻理解我国财富效应的内涵。因而本章将在全面分析我国居民财富变动特征的基础上，基于数据分析，估算居民财富数据，为后文的分析奠定现实基础。

4.1　财富变动特征

4.1.1　金融资产结构不断调整

　　伴随着我国经济的增长，在居民财富不断积累和扩张的同时，居民的财富结构也发生着重要的转换。我国居民家庭金融资产配置日益多样化，股票、债券、保险等已成为我国居民家庭财产中的重要部分[27]。

根据西南财经大学和中国人民银行总行金融研究所联合成立的中国家庭金融调查与研究中心，在 2012 年 5 月 13 日公布的首份《中国家庭金融调查报告》，截至 2011 年 8 月，我国居民家庭金融资产中，银行存款比例最高，为 57.75%，现金其次，占 17.93%，股票第三，占 15.45%；基金为 4.09%；银行理财产品占 2.43%。银行存款和现金等无风险资产占比高。详见图 4.1 所示。

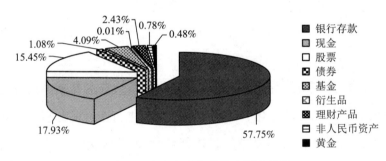

图 4.1　我国家庭金融资产调查数据

注：数据来源于《中国家庭金融调查报告》。

随着城镇居民家庭财富的快速增长和证券市场的长足发展，越来越多的城镇居民将富余的货币资金投入到证券市场当中来。虽然城镇居民投入到证券市场的金融资产不断增多，但在目前金融市场尚不发达的资本市场环境中，城镇居民的金融资产投资渠道、结构配置和品种选择受到了很大程度的制约（蒋序怀，2012）[117]。根据《中国家庭金融调查报告》，我国家庭对股票市场的参与率为 8.84%，对债券市场的参与率更低，只有 0.77%，对基金市场的参与率为 4.24%，对衍生品市场的参与率仅为 0.05%，对金融理财产品市场的参与率为 1.10%，因此，虽然我国居民的财富在不断增长，但不同家庭在不同金融市场的参与率存在显著差异，衍生品和债券市场的参与率尤其低，从结构上讲，不同家庭受到的金融市场的影响是不同的。

在财富效应的传导路径中，资本市场的发育程度是一个重要的影响要素，资本参与率较低的家庭与参与率较高的家庭其财富效应的传导路径应当是不同的。但由于居民对于除股票外的金融资产市场的参与率较低，因而，后文在研究资产价格波动的财富效应时，选取股票资产为代表，作为金融类资产价格财富效应的研究对象。

4.1.2　非金融财富迅速增长

1. 房产财富成为城镇居民最主要的财富

在居民非金融财富中，房产是主要财富。根据清华大学中国金融研究中心 2009 年对 15 个城市进行的调研，在我国的家庭资产构成中，房产是最主要的资产，在家庭资产中约占 63% 的比重[100]，使得房产逐步成为城镇居民进行投资的重要对象，且房产投资的收益巨大。由于房产已经成为居民固定资产中最为重要的资产，因而后文在研究资产价格财富时，选取房产作为非金融资产类资产价格财富效应的研究对象。

2. 增量房产比重大

中国存在大量的新增房产，这是中国近些年房地产市场迅速发展的重要特征。张清勇和郑环环（2009）[118]认为"从住房生产看，欧美新建住房极少，住房开工量占存量的比重极低，而中国年度住房投资和施工面积都极大；从住房交易看，异于那些国家绝大多数交易都是存量的情况，目前中国房地产市场基本上是一个以新建住房为主的市场。"而居民对于房产的购买行为显然会对于居民未来的预算约束施加影响，进而影响到居民的消费。因而对应于同样的价格上涨，中国居民房产财富变动所导致的财富效应与西方应当呈现出不同的行为特征，因为整体而言，中国居民要储备大量的资金为房产的增量进行买单，因而在中国的房产财富效应中，应当有着更高的替代效应，如果增量房地产市场发展异常火爆的话，这种替代效应对消费的负向影响很可能会主导房产财富效应的整体方向。

同时中国房产价格的波动同样与西方不同，张清勇和郑环环(2009)[118]的研究提出了不同市场状况下房产存量和流量的价格关系，"房产存量和流量的市场份额大小，将决定存量和流量价格之间的关系：新建房产交易占大多数时，主要是流量的价格影响存量的价格；新建和存量房产交易量接近时，两个市场的价格相互影响；存量房产交易占大多数时，主要是存量影响流量价格。"由于中国整体而言，增量房产与存量房产的比例要大于以欧美为代表的西方市场，因而结合中国存量与增量房产的这种关系，中国房产价格的波动也呈现出与西方发达国家的显著不同特征，可以认为，从整体来看中国的房产价格更多地是由新房市场价格所决定的。

4.2 资产价格波动特征

由于居民持有的资产种类繁多，依据其重要性以及本书的研究需要，结合前文的分析，下文主要从居民的房产以及股票资产的角度展开论述，在计算财富效应时，也只计算这两种资产价格波动的财富效应。

4.2.1　房价波动的特征

1. 房价波动始终与政策紧密相关

中国房地产市场的发展是在不断摸索中实现的，因而在此过程中，国家的房地产发展政策的出台，往往会在方向上影响房地产市场的发展，进而影响到房产价格。在成熟的市场中，资产价格应当是其未来收益的折现值，但在中国这种不断完善中的市场上，资产价格很难说是其未来收益的贴现，反而更多的是政策干预所导致的供求关系变化的结果。影响国内房产发展的政策众多，比较重要的有房产的预售制度和房产的市场化改革制度。

国内房地产市场的发展与我国房屋预售制度紧密相关。房产预售制起步于1994年，房产预售制度的出台，使得开发商能够通过房屋的预售，预先向买方融资，实际上起到了买方向卖方的贷款作用，因而短时间内使得大量实力不强的开发商利用买方资金迅速开发房产，推动了市场的发展。在政策的实际操作过程中，随着市场环境的变化，房屋预售制度分别经历了2001年8月和2004年7月的两次修改和完善，而每次这种政策的变动都对市场价格及其波动产生了重要的影响（艾蔚，2008）[119]，特别是商品房市场的不断发展，使得中国房地产市场价格暴涨进入长久的牛市（虞斌和何建敏，2012）[120]。

2. 新房价格决定了存量房价格

西方发达国家的房产存量市场规模比较大，而增量市场较小，因而一般而言，房产存量流量模型，认为新增市场交易量非常小，一手房价格对房地产市场价格没有影响，但中国的情况与西方发达国家存在明显的不同，张清勇和郑环环（2009）认为中国的房地产市场基本上是一个以新建房产为主的市场，他们通过对北京、上海等城市的研究，发现北京一手房产价格领先于二手房产，上海一手、二手房产价格互为因果，广州和深圳的一手、二手房产价格间不存在显著的领先—滞后关系，基于这种研究，他们提出了一个房价变动的假设，用以解释不同市场状况下房产存量和流量的价格关系：房产存量和流量的市场份额大小，将决定存量和流量价格之间的关系——新建房产交易占大多数时，主要是流量的价格影响存量的价格，新建和存量房产交易量接近时，两个市场的价格相互影响，存量房产交易占大多数时，主要是存量影响流量价格。

4.2.2 股价波动的特征

1. 股价波动的政策来源

中国股市在发展中，往往被称为"政策市"，如胡金焱（2002）[121]所说，"每当股票市场出现低迷、股价持续下跌时，政府往往通过领导人讲话，或者借助新闻媒体制造舆论，或者采取临时性的政策措施，有意识地托市，充当救市主的角色；而当股票市场出现过度投机、股价持续上涨时，又往往制造相反的政策舆论或采取相反的政策措施，去有意打压市场"。如在股市疯涨的 2007 年，为了抑制股市过度投机，5 月 29 日周二晚上，国家上调股票交易印花税税率，由 1‰上调至 3‰，从而导致了 5 月 30 日的黑色星期三，沪指低开 247 点，创下了历史最大的低开纪录，而上证在收盘时跌幅达到了 6.5%，约 2/3 的股票近乎跌停，两市市值一天消失了近 1.2 万亿元，可以看出这种政策的干预对市场的影响是非常大的。

由于中国股市发展时间短，在有限的发展时间中，政府部门的政策制定和实施也是一种"干中学"的过程，曹松涛（2012）[122]总结了关系股价波动的政府政策，主要有：公开表达政府对市场的观点，如通过政府的新闻喉舌，或者是通过关键的政府官员发表对市场的看法；关于交易成本的政策，如印花税、股息税调整等；股票供给相关的政策，如引入 IPO 暂停开放、国际板、国有股减持、大小非减持等相关政策；需求导向的政策，如加快公募基金批准、QDII/QFII 政策等；交易规则，如"T + 1"规则、直接股价限制、交易暂停和披露规则等；其他管制政策，如打击内幕交易、提高上市公司的公司治理等。上述政策的实施对于股票价格的影响是巨大的，如股票价格涨跌幅限制措施从 1990 年 12 月 19 日上证指数发布后历经数次变动，到 1992 年 5 月 21 日正式取消，最后在 1996 年 12 月 14 日最终被定为 10%，并一直延续至今，可以想象如果没做这种涨跌幅的限制，在发育不充分的中国股市，股价的波动将会是非常剧烈的。再如，股票交割时间规则在 1995 年 1 月 1 日由原来的"T + 0"改为"T + 1"，并延续至今，通过对当天的交易股票进行锁定，这种政策也在很大程度上抑制了股市的过度投机，防止股价在短时间内的剧烈波动。曲永刚和张金水（2003）[123] 通过对两市股票价格指数的量化分析，得出了"中国股票市场系统本身是稳定的"这一结论，并认为我国股票市场历史上较大的波动主要是受政策因素的影响。

表 4.1 总结了我国股市发展历程中几次主要的波动，并给出了波动背后的政策性特征，表中的波动涵盖了中国股市的历次大的牛市和熊市，可以发现每次的波动，往往存在政策性的因素。如 1992 年 5 月 21 日放开的涨跌停限制，使得沪指在短时间内冲到了当时的 1 429 高点，市场对股权分置改革的担忧引发了 2001 ~ 2005 年的大熊市，而股权分置改革的稳步实施又提振了信心，推动了 2007 年的超级大牛市。

表4.1   中国股市波动的政策性特征

特征点	上证指数	时间	政策因素
波峰1	1 429	1992 - 05 - 26	1992年5月21日开放涨跌停限制
波谷1	386	1992 - 11 - 17	1992年6月开始地方性急速扩容
波峰2	1 558	1993 - 02 - 16	邓小平南方谈话，允许机构投资者入市
波谷2	325	1994 - 07 - 29	整顿金融秩序，全国性急速扩容
波峰3	1 025	1994 - 09 - 13	1994年7月29日暂停扩容等五项救市措施出台
波谷3	512	1996 - 01 - 19	1995年5月22日宣布新股发行规模：长达一年的股市高速扩容
波峰4	1 258	1996 - 12 - 11	央行年内两次降低利率
波谷4	855	1996 - 12 - 25	1996年12月16日《人民日报》发表特约评论员文章与"十二道金牌"
波峰5	1 510	1997 - 05 - 12	
波谷5	1 047	1999 - 05 - 18	1999年5月严禁国有企业、国有控股公司炒股
波峰6	2 245	2001 - 06 - 14	
波谷6	998	2005 - 06 - 06	市场对股权分置改革的担忧
波峰7	6 214	2007 - 10 - 16	股权分置改革原则确定并稳步实施
波谷7	1 664	2008 - 10 - 28	
波峰8	3 478	2009 - 08 - 24	4万亿元经济刺激政策，央行连续降准
波谷8	1 960	2012 - 12 - 03	

注：前10行数据摘录于王远鸿（2001）[124]和曲永刚、张金水（2003），其余数据为作者整理。

但中国股市的政策市特征正在减弱，胡荣才和龙飞凤（2010）[125]认为从2007年5月起，管理层基本上采用间接政策手段来调控市场，直接打压市场或直接托市的做法越来越少，而是更多地使用经济、法律手段影响市场，逐步完善和发展市场，相信随着中国股市的不断发育，中国股市的政策市特征将会越来越弱。

2. 股价波动的非对称性特征

股价波动的非对称性是指当股市面临同样程度的消息冲击时，股市对于好消息的反应程度小于对于坏消息的反应程度。不同学者对于中国股市的非对称性研究有着不同的研究结论，如陈维云（2010）[126]发现中国股市在不同的时期具有不同的非对称性特征，在牛市以及熊市中的非对称性也不同。谭德光（2010）[127]认为上海股票市场价格自1992年5月21日以来存在着比较显著的非对称性波动。吴毅芳和彭丹（2007）[128]认为与成熟的股票市场相比，我国股票价格波动的非对称较弱。

4.3 房产财富估算

在中国财富迅速增长的过程中，资产价格又在发生着剧烈的波动，这就给财富的估算工作带来比较严峻的挑战。由于迄今为止，没有权威的官方统计数据以及连续的可供分析的微观调查数据，本部分只能根据现有的公开数据进行相对合理的居民财富估算。由于资产价格实际上是一个时刻都在变动的指标，有的资产价格波动频率虽然非常高但其价格却容易获取，如股票，有的资产价格波动频率不高但却很难获得准确的数据，如居民的房产价格，同时估计的区间长短不同，则估计出的价格波动程度也会有所不同，因而经过权衡和根据本书研究的需要，本部分对1998年房产货币化改革后的股票和房产财富的季度数据进行估算。

4.3.1 现有房产财富的计算方法

1. 部分学者利用宏观统计数据进行估算

中国人民大学经济研究所[129]以 2000 年为基础，首先粗略估算了 2000 年全国房产的市场价值，之后在此基础上，根据每年的新增住房面积计算了之后年份的房地产市场价值，在计算 2000 年房产价值时，对于 2000 年的新增面积按照当年商品房价格计算市场价值；而在原有房产存量市场价值的计算方面，必须考虑存量房产历年的折旧问题，以及历年的市场价格变动问题，但由于无法得到准确的折旧率和非新建房地产市场价格，他们采用了有一定合理性的假定，得到粗略的估计结果：1997～2006 年城市商品房价格上升的几何增长率约为 10%，假定非新建房产价格增长趋势与新建房产价格增长趋势一致，并假定房产折旧也为 10%，那么折旧与非新建房产价格上升相互抵消，同时假定非新建住房市场价格是当时新建商品房价格的80%，就可以近似计算 2000 年城市房产的市场价值。按照这种计算方法，他们发现从 2001～2006 年，我国的房地产市场价值总量上升了 1 倍多，由 2001 年年底的 17.4 万亿元逐步上升到 2006 年年底的35.2 万亿元。但由于 GDP 从 2001 年的约 11 万亿元上升到 2006 年的约 21 万亿元，城市房产价值占 GDP 比重变化并不大，2006 年上升到168%。上述研究方法是后文财富估算的方法基础。

而瑞银经济学家汪涛[130]的计算方法是：用 1985 年的住宅总面积加上此后的住宅累积竣工面积（中国从 1985 年开始公布年度的房产竣工数据），1985 年以来的住宅累积竣工面积达 120 亿平方米，然后用 3% 的折旧率得出调整后的城镇房产存量面积。如果用 2010 年新建商品房的市场价格计算全部房产存量的价值，则中国房产存量价值占 GDP 的 120%。考虑到 20 世纪 80 年代和 90 年代初修建的部分住房质量较差而且住房存量还包括了宿舍和质量偏低的出租房，其估算调整后的房产存量价值约占 2010 年 GDP 的 75%。汪涛的方法中，采用的是住宅竣工面积，而非居住面积，住宅竣工到住宅入住是有一个过程的，而且并不是所有的竣工房屋能够出售，因而这种方法存在重要的缺陷。

骆祚炎（2007）[131] 在计算城镇居民房产时，利用历年《中国统计年鉴》的数据，采用人均居住面积乘以当年的住宅均价的方法，其中自住房、租赁房和度假房等不同房产之间的差异没有考虑。但《中国统计年鉴》中的数据为年度数据，并不能满足本书的研究需求。

凯斯（Case，2005）等[132] 在计算 14 个发达国家 1975～1996 年的房产财富时，直接采用房产存量乘以房产价格计算一个国家的房产存量，其中房产存量数据来自历年的欧洲和北美房产和建设年度报告（Annual Bulletin of Housing and Building Statistics for Europe and North America），而房产价格数据来自国际清算银行（Bank of International Settlements）数据库。正如其作者所言，此种计算方法假设消费者拥有标准的固定不变的房产，只是计算存量房产的价值，而没有考虑新建和改建房产价值，同时这种估算方法依赖于权威而全面的宏观统计数据，而这种先决条件在我国并不具备。

2. 部分研究利用家庭微观调查数据获取房产财富数据

沃尔夫（Wolff，1989）[133] 估算美国家庭 1900～1983 年的财富水平时，在利用和改进了前人的家庭资产负债表基础上，估算了美国家庭的房产财富。同时认为，对于居民家庭金融资产的估算而言，基于调查的数据会低估，因为高收入人群会瞒报或者少报自己持有的金融资产。而对于房产价值的估算正好相反，基于家庭资产负债表的计算不如实际的调查数据可信，因为居民对于自己持有的此类财产的市场价值的估算会更加精确。

中国家庭营养调查数据（CHNS）从 1991 年开始包含了房产价值和房产年龄的调查数据，调查的省份涵盖了辽宁、黑龙江、江苏、山东、河南、湖北、湖南、广西以及贵州共 9 个地区，东中西三个区域中的省份均有所涵盖。其中房产价值是以户为单位，涵盖了城市和农村。上述数据并不是连续的数据，不能满足本书的分析需求，但其数据可以作为本书财富估算结果的一个检验。

4.3.2 房产财富估算

1. 财富估算

上述房产财富估计和调查方法为我们估算我国居民的房产财富提供了重要借鉴，由于缺乏长期的连续微观调查数据，利用家庭微观调研数据获取可供分析的我国居民房产财富是非常困难的，因而需要根据宏观统计数据进行推算。且由于农村并不存在成熟的房地产交易市场，本书的房产财富只能够估算我国城镇居民的房产财富。

而要计算我国城镇居民房产财富量，需要知道城镇居民的房产存量、房产增量、存量价格、增量价格以及房屋折旧等指标，其中《中经网》数据库提供了部分年份的月度以及季度房产销售额数据，月度数据统一转换成了季度数据，同时根据房产销售面积指标和人口指标①，可以计算出人均的房产增量以及增量价格。房产存量数据，可以根据国家统计局网站获得年度数据，为了得到季度房屋存量数

---

① 国家统计局并没有公布我国的季度城镇常住人口数据，在计算过程中，假设城镇人口在年中均匀增长，这样就可以推算出季度人口数据。

据，需要得到房产折旧率数据。根据住建部副部长仇保兴（2010）[134]在第六届国际绿色建筑与建筑节能大会上的发言，中国是世界上每年新建建筑量最大的国家，但这些建筑只能持续 25～30 年。如果以 30 年的年限计，可以得到季度的房屋折旧率，这样根据每年统计局提供的人均房产存量数据，扣除掉折旧面积，同时加上每个季度的房屋销售面积，即可计算每个季度的房产存量，同时参照中国人民大学经济研究所（2008）的计算方法，假设房产存量的价格为当期新房价格的 80%，这样就可以计算房产存量价值。上述所有价格和价值数据均按照 2002 年 12 月的价格进行了平减，由于从 2008 年开始，我国房地产市场才真正逐步建立起来，居民自有房产的比例不断提高，使得居民成为房价波动风险的承担者，因而由房产价格所导致的居民财富的变化才具备分析意义，因此，出于研究目的，最终计算出的房产价值数据样本区间为 1998 年第一季度至 2012 年第四季度的时间序列数据。估计结果见表 4.2。

表 4.2　　　　　　　我国城镇居民人均房产财富估计　　　　　　单位：元

时间	人均房产价值	时间	人均房产价值	时间	人均房产价值	时间	人均房产价值
1998Q1	26 626.99	2001Q4	34 012.41	2005Q3	64 262.7	2009Q2	95 472.45
1998Q2	28 159.89	2002Q1	35 411.43	2005Q4	62 168.55	2009Q3	97 132.29
1998Q3	26 254.85	2002Q2	35 195.73	2006Q1	63 239.96	2009Q4	93 260.35
1998Q4	25 513.13	2002Q3	38 847.31	2006Q2	68 050.19	2010Q1	102 193.2
1999Q1	27 641.82	2002Q4	40 315.13	2006Q3	66 918.66	2010Q2	97 219.14
1999Q2	26 919.03	2003Q1	44 588.75	2006Q4	63 962.99	2010Q3	99 015.12
1999Q3	27 741.59	2003Q2	43 312.69	2007Q1	72 480.3	2010Q4	95 968.47

续表

时间	人均房产价值	时间	人均房产价值	时间	人均房产价值	时间	人均房产价值
1999Q4	28 870. 94	2003Q3	46 371. 31	2007Q2	74 019. 67	2011Q1	108 249. 00
2000Q1	29 510. 18	2003Q4	41 996. 98	2007Q3	80 291. 56	2011Q2	100 569. 50
2000Q2	29 774. 43	2004Q1	48 112. 31	2007Q4	74 644. 73	2011Q3	100 605. 60
2000Q3	29 350. 92	2004Q2	48 060. 08	2008Q1	74 426. 37	2011Q4	93 939. 84
2000Q4	31 820. 30	2004Q3	51 740. 53	2008Q2	77 355. 38	2012Q1	102 410. 10
2001Q1	34 665. 71	2004Q4	51 162. 66	2008Q3	72 603. 70	2012Q2	108 333. 10
2001Q2	33 565. 50	2005Q1	55 445. 14	2008Q4	73 931. 27	2012Q3	110 649. 00
2001Q3	32 621. 03	2005Q2	54 819. 72	2009Q1	88 246. 68	2012Q4	102 824. 20

注：表中价值数据为根据 2002 年年底不变价格计算，原始数据来源于中经网数据库。

根据表 4.2 中对我国城镇居民人均房产财富的估算结果，可以发现以 2002 年年底不变价格计，在 1998 年第一季度我国城镇居民的人均房产财富为 26 627 元，而到了 2012 年年底，人均房产财富达到了 102 824 元，2012 年年底人均房产财富是 1998 年年初的 3.9 倍，而在上述期间我国的城市化率是在迅速提升的，大量农村人口进入城市，这些新城市人口会拉低城镇人均住房面积，因而如果以总财富量计算，我国的城镇居民的房产财富总量增长是惊人的。

2. 财富估算的验证

为了验证本书对城镇居民人均房产财富的估算结果，我们利用 CHNS 数据中城镇居民家庭房产价值除以平均家庭人口，得出了人均房产价值[①]，见表 4.3 第（2）列，为了与本书推算的数据进行对比，

---

① CHNS 主要针对的是农村住户，但调查对象也涉及城镇住户，在进行计算时对一些明显不合理的样本进行了过滤，主要的过滤条件为房屋年限要大于等于 0，房屋价值在 10 万元以上。

按照 2002 年年底的不变价格进行了平减，见表 4.3 第（3）列。

表 4.3　　　　　　　基于 CHNS 数据的房产财富估算比较　　　　单位：元

年份	CHNS（当年价格）	CHNS（2002 年价格）	推算（2002 年价格）
2000	40 691	40 204	31 742
2004	72 201	68 868	51 162
2006	79 242	72 579	63 962
2009	108 867	91 485	93 260

注：CHNS 数据中 2009 年没有每户人口数据，采用当年我国城镇人口户均数据计算。

根据表 4.3 中基于 CHNS 数据对我国城镇居民人均房产价值的估算，发现在 2000 年、2004 年和 2006 年的三个年份中，以 2002 年不变价格计算，CHNS 数据均高于本书的估算结果，而 2009 年的数据低于本书的估算结果，究其原因可能是 2009 年 CHNS 的调查数据是以户为单位，而 2009 年与前几次调查相比，并没有提供户均人口数的数据，在根据 CHNS 数据进行计算时，用户均房产价值除以户均人口数得出，缺少户均人口数数据使得基于 CHNS 数据的房产价值估算不准确。

在 2000 年、2004 年和 2006 年的三个年份中 CHNS 数据较高的原因，一方面可能与本书过滤样本的方法有关。在 CHNS 数据中，房屋价值的调查数据存在大量的 1 000 元、5 000 元、10 000 元等数据，而根据常识，一套房产的市场价值不可能会如此之低，因此在计算 CHNS 房屋价值时，将报告房屋价值小于 10 万元的样本进行了过滤，而这种过滤方法是人为的，且由于我国房地产市场发展迅速，在不同的年份过滤标准应当也有所不同，因而上述过滤方法会导致基于

CHNS 数据偏高。但无论何种方法，我国城镇居民人均房产价值在 2000～2009 年的十年间发生了大幅度的增长，居民房产财富迅速成为居民财富的重要构成。

此外，2000 年、2004 年和 2006 年中 CHNS 数据较高的原因，另一方面可能与 CHNS 涵盖的调查对象有关，CHNS 在调查中只有辽宁、黑龙江、江苏、山东、河南、湖北、湖南、广西以及贵州共 9 个地区的抽样数据，基于此 9 个地区的数据与全国数据间可能会存在差异。

4.4　股票价值估算

4.4.1　金融资产估算中的问题

现有研究中对于居民股票价值的估算文献较少，在为数不多的文献中，对于居民股票财富数据的获得主要是基于微观调查手段，如李实等（2005）[135] 在研究中国居民财产分布不均等问题时，使用了中国社会科学院经济研究所收入分配课题组 1995 年和 2002 年的调查数据，这种微观调查数据由于不是连续进行的，类似的一些调查数据，如中国家庭营养健康调查（CHNS）、中国城镇住户调查数据（CHIP）、中国家庭金融调查报告等，很难提供可供分析的时间序列数据。

而在现有对于股票财富效应的研究中，常常采用上证指数作为衡量股市财富的代理指标，众所周知，在一个密集 IPO 和不断增发的市场上，仅仅关注股票价格指数，而忽略了股票发行量的变化，这样一个代理指标是有问题的。

4.4.2　股票价值估算

中经网提供了股票市场总价值和流通股市场价值的月度数据，这两种全国股票市场价值数据中，由于对居民而言，所拥有的股票主要为流通股，因而后文以全国的流通股股票市场价值作为计算我国城镇居民股票市场价值的基础，而在流通股股份中，居民直接持有的比例是不断变化的，根据 Wind 数据库提供的机构投资者持股数据[1]，可以计算出居民持有的流通股总市值，再除以城镇人口，即可计算出城镇居民持有的人均股票市场价值[2]。见表 4.4。

表 4.4　　　　　　　　　城镇居民人均股票价值估算　　　　　　　单位：元

时间	人均股票价值	时间	人均股票价值	时间	人均股票价值	时间	人均股票价值
2003Q1	2 357	2005Q3	1 306	2008Q1	6 189	2010Q3	7 002
2003Q2	2 333	2005Q4	1 208	2008Q2	4 732	2010Q4	8 438
2003Q3	2 143	2006Q1	1 398	2008Q3	3 870	2011Q1	8 667
2003Q4	2 155	2006Q2	1 893	2008Q4	3 455	2011Q2	8 111

---

　　① Wind 数据库提供了机构投资者的持股份额，利用流通股市值减去机构和法人投资者市值得到个人投资者的市值比重，由于个人投资者比重是在不断变化的，取临近两期的移动平均得到个人投资者平均持股比例。

　　② 由于无法得到城镇居民持有的股票价值量，此处有一个不得已的假定，认为持有股票的居民为城镇居民，而实际情况是部分农村居民应当也会持有股票，因此，此处的估计高估了城镇居民的股票财富值，同时根据前文中的数据，我国居民的股票市场参与率较低，由于无法掌握股票价值的分布特征，此处估计的人均股票价值实际上忽略了股票持有的结构性因素。

续表

时间	人均股票价值	时间	人均股票价值	时间	人均股票价值	时间	人均股票价值
2004Q1	2 505	2006Q3	2 026	2009Q1	4 745	2011Q3	6 836
2004Q2	1 957	2006Q4	2 772	2009Q2	5 846	2011Q4	6 214
2004Q3	1 935	2007Q1	4 068	2009Q3	5 798	2012Q1	6 371
2004Q4	1 717	2007Q2	5 498	2009Q4	7 711	2012Q2	6 418
2005Q1	1 503	2007Q3	7 877	2010Q1	7 683	2012Q3	6 059
2005Q2	1 307	2007Q4	7 969	2010Q2	6 079	2012Q4	6 564

注：表中价值数据为根据 2002 年底不变价格计算，原始数据来源于中经网数据库。

在 1998 年第一季度我国城镇居民的人均股票财富只有 673 元，而根据表 4.4 中的数据，以 2002 年年底不变价格计，到了 2012 年年底，人均股票财富达到了 6 564 元，2012 年年底人均股票财富是 1998 年年初的 10 倍，股票财富的增长速度惊人。

4.5 两种财富的比较

4.5.1 财富增长趋势

根据前文中对房产和股票价值量的估计，图 4.2 直观地给出了城镇居民的人均房产财富和股票财富变动趋势。

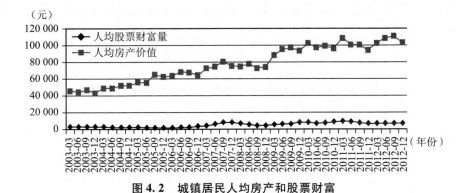

图4.2 城镇居民人均房产和股票财富

注：数据为笔者根据中经网数据库数据计算。

图4.2中，居民人均房产价值是在不断增加的，从价值量的大小来看，房产价值要远远大于股票价值，这也反映出房产财富是居民资产构成中最为重要的资产，且从价值增长来看，人均房产的价值增长是非常快的，从2003年这种增长幅度明显增加，同时从房产价值的波动来看，从2003年后波动幅度也不断加大。相对于居民的人均房产财富而言，居民的人均股票财富较少，在2006年之前居民的人均股票财富变动不大，从2006年起，居民的人均股票财富开始迅速增加，财富的波动幅度也越来越大。

4.5.2 财富价值比例

在居民财富增长中，财富配置比例是不断变化的。图4.3给出了城镇居民的人均房产与股票财富价值的比例。

从图4.3中发现该比例最高的季度出现在2005年的第三、第四季度，达到了将近60倍，最低比例出现在2007年第四季度，约为9倍，且从整体来看，该比例是在不断波动的，但波动幅度逐步降低。

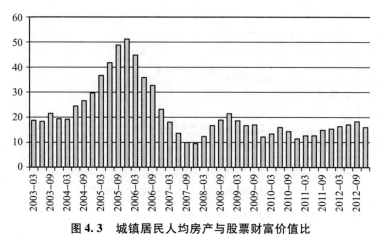

图 4.3 城镇居民人均房产与股票财富价值比

注：数据为笔者根据中经网数据库数据计算。

4.6 本 章 小 结

本章在对我国居民家庭财富特征和资产价格波动特征进行分析的基础上，对我国城镇居民的房产财富和股票财富进行了估算。主要研究结论有：

（1）改革开放 40 年来我国居民的金融资产在不断增长的同时，资产结构也在不断调整，以股票为代表的风险性金融资产在居民资产构成中比例不断提升，现金持有比例不断降低，居民储蓄比例大致保持不变。

（2）房产为居民持有的最重要的固定资产，从 1998 年房产货币化改革后，居民自有房产率不断提升，人均建筑面积不断增加，在房产价格不断上涨的过程中，房产财富逐步成为居民最重要的固定资产。

（3）我国资产价格的波动具有典型的政策性特征，我国的房地产市场和股票市场并不是成熟的市场，国家相关政策的出台在房价和股价的波动中的作用举足轻重，因而国家政策的调整也直接影响到居民财富的变动。

（4）在现有的财富估算方法的基础上，本章对 1998～2012 年以来我国城镇居民的人均房产财富，以及 2003 年以来的股票财富的季度数据进行了估计，估计结果显示，在 1998 年第一季度我国城镇居民的人均房产财富为 26 627 元，而到了 2012 年年底，人均房产财富达到了 102 824 元，2012 年年底人均房产财富是 1998 年年初的 3.9 倍。同时，在 1998 年第一季度我国城镇居民的人均股票财富只有 673 元，而到了 2012 年年底，人均股票财富达到了 6 564 元，2012 年年底人均股票财富市值是 1998 年年初的 10 倍，股票财富的增长速度更为惊人。

（5）在居民财富增长过程中，居民的资产配置比例是不断变化的，就城镇居民的人均房产财富和股票财富价值的比例而言，比例最高的季度出现在 2005 年的第三、第四季度，达到了将近 60 倍，最低比例出现在 2007 年第四季度，约为 9 倍，且从整体来看，该比例是在不断波动的，但波动幅度逐步降低。

第 5 章

资产价格波动的财富
效应估算：基准模型

本章将在总结现有财富效应的相关研究基础上，寻求突破口，在建立理论模型的基础上，通过实证检验，验证理论假设。

5.1 研 究 假 设

5.1.1 研 究 结 论 的 梳 理

财富效应理论自提出后，众多学者从多个角度对财富效应进行了研究，得出了丰富的研究结论，为我们了解居民的消费行为提供了众多借鉴，但相关研究却仍然存在争议，表 5.1 从财富效应的回归过程、数据处理过程、财富效应的类型、财富的大小等角度对前文中提到的主要文献进行了重新梳理。

表 5.1　　财富效应研究总结

文献来源	居民消费的回归对象	是否取对数	财富效应类型	房产财富效应	股市财富效应	财富效应
田青（2011）	资产类财富回归	是	广义财富效应（房产、股市）狭义财富效应（总资产）	0.19（t=3.59）	−0.004（t=1.74）	0.05（t=1.84）
梁琪等（2011）	房产价格、储蓄资产回归	是	虚假财富效应（房产）广义财富效应（储蓄）	0.049（1%）		
王轶君和赵宇（2011）	房地产价格指数等	否	虚假财富效应	滞后4期，显著为负		
黄静（2011）	房价指数、股指	是	虚假财富效应	−0.01（5%显著，水平下不显著）	0.005（5%水平下不显著）	
孙克（2012）	房价	是	虚假财富效应	−0.324（1%）		
谢洁玉等（2012）	房价	是	虚假财富效应	−0.13（好房）−0.117（差房）1%显著		
李莹和张屹山（2011）	房价指数、股指	是	虚假财富效应	负，不显著	−0.023（−1.983）	

续表

文献来源	居民消费的回归对象	是否取对数	财富效应类型	房产财富效应	股市财富效应	财富效应
坤丹·基肖尔 (2007)	房产财富 金融财富	是	广义财富效应	0.135 (1%)	0.372 (1%)	
许家军和葛扬 (2011)	住房平均销售价格	是	虚假财富效应	0.007 (5%水平)		
陈健和高波 (2010)	商品房平均销售价格	否	虚假财富效应	存在区制，总体为负		
唐志军等 (2013)	房产价值 股市价值	是	广义财富效应	短期显著为正	短期显著为正	
郑华和谢启超 (2012)	股票价格、商品房平均售价	是	虚假财富效应	短期显著为正，长期减弱	短期为正，长期消失	
张濵 (2012)	房价指数、股指	是	虚假财富效应	短期显著为正，长期不显著	长、短期均不显著	
姚树洁和戴颖杰 (2012)	房产产价格	是	虚假财富效应	长期，0.233，显著	短期显著	
骆祚炎 (2012)	金融资产 房产	否	广义财富效应	正，但微弱并递减	正，但微弱并递减	
卡罗尔等 (2012)	净财富	否	狭义财富效应			1.2美分

从研究中为了得出财富效应的数值而采用的回归手段来看，根据财富效应的含义，要计算狭义的财富效应，应当利用居民消费对居民的净财富进行回归，主要有卡罗尔等（2012）、田青（2011），而其他文献中，对我国财富效应的研究主要利用居民消费直接对资产价格或者价格指数进行回归，所得到的回归系数，在一定程度上能够捕捉一部分资产价格财富效应，但这种回归实际上已经偏离了财富效应的本质内涵，因而表中称这种财富效应为虚假的财富效应。还有一部分研究，以坤丹·基肖尔（2007）和骆祚炎（2012）等为代表，利用居民资产类财富的市场价值与居民消费进行回归，这种回归过程实际上已经包含了居民消费与资产之间的替代效应，因而是一种广义的财富效应。

从研究结论来看，关于我国"财富效应"的研究结论是不一的，无论是房产"财富效应"还是"股票财富效应"，其研究结论在数值的大小、方向、显著性、动态性等方面具有各自的研究结论，究其原因，一方面与上述财富效应的研究类型有关，与回归方法有关，另一方面也与数据是否取对数有关，数据取对数后，所得到的所谓财富效应变成了弹性的概念。

在"虚假财富效应"的相关研究中，用居民消费对资产价格进行回归，虽然其回归系数不是财富效应，但却分析的是资产价格对居民消费的影响，而影响路径之一就是资产价格财富效应，因而其研究结论对本书的研究也有着重要的借鉴意义。从资产价格对居民消费的影响来看，发现其研究结论也是不一致的，无论是房产还是股票市场价格或价格指数的变化，对居民消费的影响有正有负，而且甚至还可能存在区制性的转换，那么，作为上述影响构成的重要组成部分，资产价格的财富效应是否也是有正有负，甚至存在正负转换的区制，便成为一个必须关注的问题。

5.1.2 研究评述

通过对现有研究结论的梳理，发现财富效应在方向、大小、变动趋势、门槛等方面的研究均是存在不同的研究结论。一方面的原因在于在计算财富效应时，很多的研究是采用居民消费对于资产价格的回归，而资产价格的波动对居民财富的影响还与居民所持有的财富总量紧密相关，特别像中国这样一个财富总量迅速增长的国家而言，这种模型设定方面的偏误，会对计量结果产生重要的影响，使得研究结论的可信性值得商榷。另一方面的原因是作为财富效应的重要构成，资产价格的财富效应本身就是变动的，在不同的时间区间，资产价格财富效应的值是不同的，因而如果选取的研究区间不同，固定系数回归所得出的财富效应的数值应当是不同的，且资产价格财富效应可能存在门槛值，在没有达到某个门槛值时，存在一个区制，在不同的区制内资产价格财富效应的大小，甚至是方向可能会发生变化。

5.1.3 研究假设

由于导致目前财富效应研究结论不一的原因众多，本书认为除了上述原因外，作为财富效应的重要构成，资产价格波动的财富效应的波动性和正负变动是导致上述问题的重要原因。

图 5.1 给出了现有研究中导致研究结论不一的主要原因，包括了研究内容、回归对象、回归方法、研究期间等方面。

内容方面，现有研究中将广义财富效应、狭义财富效应、虚假财富效应等不同类型的财富效应统称为财富效应，与财富效应概念理解的不一致相对应的是，在具体进行回归分析时，居民消费的回归对象既有居民净财富、资产价值也有资产价格，这种对财富效应的研究内容的不一致和混淆，导致了研究结论的混乱。同时，从研究的技术角度来看，有没有进行原始数据的对数处理、采用了何种的回归方法，对结果的影响也较大。另外，就是财富效应与财富的数量紧密相关，不同的研究选取了不同时期的数据，因而其研究结论是与其研究时期紧密相关的，如果财富效应是动态的话，不同研究期间的文献是不能等同对比的。

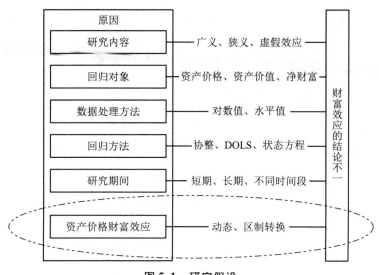

图 5.1　研究假设

笔者认为，对目前财富效应研究结论各异，这种不一致的最重要原因在于对于财富效应概念理解的不一致，因而本书从财富效应的本质概念出发，认为财富效应中，最为重要的部分为资产价格的财富效应，正是资产价格的波动，导致了居民感受到了财富变动，从而导致居民在生命周期内调整自身的消费水平，且笔者认为正是由于这种资产价格的财富效应具有变动性，导致了对于不同时期、不同国家财富效应研究的结论的变动性。因而本书的研究假设为：资产价格波动的财富效应导致了财富效应存在波动性和方向性的区制转换。

5.2 研究基础

为了从理论上推导出资产价格的财富效应，需要在现有的财富效应相关理论模型基础上，进一步进行深化，后文中提出的理论模型主要建立在以下理论模型基础上。

5.2.1 经典的理论模型

1. 理论模型

经典的财富效应理论研究模型是研究财富效应的基础，基于标准的理性预期 LC-PIH 理论，根据坎贝尔和曼昆（1989），假设代表性消费者的效用函数是加性可分的，消费者的生命周期为 T，则其生命周期的最优化问题为：

$$\max E_t \Big[\sum_{t=0}^{T} \beta^{-t} U(C_t) \Big] \tag{5.1}$$

$$\text{s. t. } W_{t+1} = (1 + r_t)(W_t + Y_t - C_t) \tag{5.2}$$

其中，E_t 为消费者基于 t 期信息集的期望算子；β 为消费者的主观贴现率，其取值范围为（0，1）；$U(C_t)$ 为消费者期望效应函数，$U'(C_t) > 0$，$U''(C_t) < 0$；W_t、Y_t、C_t、r_t 分别为在 t 期消费者占有的非人力财富、非财产性收入、消费及资产的无风险回报率。

求解上述最优化问题的欧拉方程，利用消费者效用最大化时的一阶必要条件和包络定理，得：

$$E_t U'(C_{t+1}) = \frac{\beta}{1 + r_t} U'(C_t) \qquad (5.3)$$

为了得到上述最优化问题的显示解，设效用函数为 CRRA 类型，即：

$$U(C_t) = \frac{C_t^{1-\sigma}}{1-\sigma} \qquad (5.4)$$

将式（5.4）代入式（5.3），根据式（5.2），为简化分析假定市场贴现率 r_t 保持不变，即 $r_t = r$，递归求解消费 C_t 的最优化路径，并引入横截条件，令：

$$\lim_{t \to \infty} \frac{W_t}{(1+r)^t} = 0$$

得：

$$C_t = \left[1 - \frac{\beta^{\sigma}}{(1+r)^{1-\sigma}} \right] W_t + \left[1 - \frac{\beta^{\sigma}}{(1+r)^{1-\sigma}} \right] \sum_{s=t}^{t+T} \left(\frac{1}{1+r} \right)^{s-t} E_s Y_s$$

$$(5.5)$$

根据上式可得，消费者在 t 期的消费是其现有财富以及预期财富的一个比例。即 W_t 前面的系数：

$$1 - \frac{\beta^{\sigma}}{(1+r)^{1-\sigma}}$$

即为财富效应。

2. 模型评论

根据前文中对相关参数的定义，可知财富效应取决于消费者的主观贴现率和财富的无风险报酬率。如果上述参数在短时期内不变的话，那么通过财富效应所导致的消费变动应当是当期居民净财富变动的固定比例。

上述模型中的一个重要缺陷在于财富 W_t 包含了所有类型的财富，既包括实物资产类财富，也包括金融财富，且认为不同资产的财富效应是相同的。但由于每种资产性质不同，其市场变现能力不同，在消费者心理账户中的地位也不同，因而其财富效应很可能是不同的。且更为重要的是，这种财富效应是一种广义的财富效应，其并没有区分财富效应的来源，因而无法具体分析资产价格的财富效应。此外，在效用函数设定中，居民效用水平仅仅取决于居民的消费水平，而与其他无关，实际上现代行为金融已经发现，能够为居民带来效用的不仅仅有消费，居民持有的固定资产、金融资产在一定程度上也能够带来效用，因而在居民效用函数中，也应当纳入固定资产与金融资产等财富。

5.2.2　消费资本资产定价模型

1. 模型概述

在将居民资产纳入居民效应函数的相关理论中，典型的代表性模型是消费资本资产定价模型（CCAPM），该模型将资产价格与居民消费联系了起来，根据该模型，消费者不仅仅进行消费，还进行投资。特别是当消费者具有资本主义精神（Weber，1958）时，消费者会将财富纳入效用函数，消费者不仅仅追求现有财富在未来可能带来的消费，还关注财富所代表的社会地位。如根据巴克希和陈（Bakshi and Chen，1996）[136]，当消费者关注其财富的绝对量所带来的未来收益和社会地位时，其效用函数为：

$$U(C_t, W_t) = \frac{C_t^{1-\gamma}}{1-\gamma}W_t^{\lambda}$$

其中，C_t 为消费，W_t 为财富的绝对量，λ 代表了消费者的资本主义精神的大小，即消费者认为财富所带来的社会地位的高低。

令第 N 种风险资产的价格为 $P_{i,t}$，其资产价格遵循以下过程：

$$\frac{dP_{i,t'}}{P_{i,t'}} = \mu_{i,t}dt + \sigma_{i,t}d\,\omega_{i,t}$$

其中，$\mu_{i,t}$ 和 $\sigma_{i,t}$ 分别为在单位时间内的第 i 种资产回报率的条件期望均值和标准差。

于是消费者的最优化问题为：

$$\max E_t \left[\int_t^\infty e^{-\rho(s-t)} U(C_t, W_t)\,ds \right]$$

$$s.\,t.\ dW_t = \{ W_t [r_0 + \alpha_t(\mu - r_0)] \} dt + \alpha_t \sigma W_t d\omega_t$$

其中，α_t 为储蓄中投资于风险资产的比例，ω_t 为资产的回报，求解上述最优化问题后，巴克希和陈（1996）得到了以下结论：

$$\frac{dC_t^*}{C_t^*} = \overline{\mu}_t dt + \sigma d\omega_t$$

其中：

$$\overline{\mu}_t = \mu / \gamma + ((\gamma - 1)/\gamma)(\sigma^2 \times (\gamma + \lambda)/2 + \rho/(1 - \gamma - \lambda))$$

他们将 $\overline{\mu}_t$ 解释为财富的期望增长率，因而根据上述模型居民消费增长率受到了财富增长率和财富的变动率的影响。

2. 模型评论

上述模型，将资产价格与居民消费联系了起来，虽然从逻辑上来看在 CCAPM 模型中，居民消费会影响资产价格，这与财富效应的方向正好相反，但其模型对计算资产价格财富效应是有重要启示的，特别是具有资本主义精神的效用函数设定，为后文的模型分析提供了重要思路。尤其是在以房产和股票为代表的资产迅速成为我国居民的重要财富，成为我国居民的重要投资手段，并显著影响到居民的消费决策时，必须要在效用函数中有所反映。

5.3 基准理论模型

5.3.1 理论模型设定

基于上述理论模型分析，在传统经典的财富效应理论模型基础上，通过借鉴具有资本主义精神的资本资产定价模型的效用函数设定，下文将建立理论模型，从理论上探讨资产价格如何通过财富效应影响居民消费的，进而进一步分析资产价格财富效应的动态特征以及财富效应的区制转换的临界值。

假设代表性消费者的效用函数是加性可分的，对于我国居民而言，由于外部环境的不确定性、居民的生活传统习惯等因素的作用，对消费者而言，能够为其带来效用的不仅仅只有消费，由于居民具有资本主义精神，假设居民持有的资产与储蓄均能在一定程度上为消费者带来效用，消费者对自己的生命周期的预期长度为 T，假设存在完美的资本市场，使得消费者可以比较顺利地进行储蓄和借款，可以以市场价格购买或者出售资产，同时居民持有资产除了能够直接带来效用以外，还可以获得一部分投资回报，则消费则其生命周期的最优化问题为：

$$\max j = \sum_{t=0}^{T} \beta^{t} U(C_{t}, A_{t}, S_{t}) \tag{5.6}$$

$$\text{s. t. } S_{t+1} = r(S_{t} + Y_{t} - C_{t} + \pi P_{t} A_{t} - P_{t} Q_{t}) \tag{5.7}$$

$$A_{t+1} = \rho A_{t} + Q_{t} \tag{5.8}$$

其中，β 为消费者主观贴现率，其取值范围为 (0，1)；$U(C_{t},$

A_t，S_t）为消费者效用函数，$U' > 0$，$U'' < 0$；C_t、A_t、S_t 分别为消费者在 t 期的消费、资产数量和储蓄，对消费者而言除了消费能够带来效用增加以外，持有一定量的资产和储蓄也能够为消费者带来效用；S_t 为消费者在 t 期的储蓄，P_t 为 t 期的资产价格，P_tA_t 即为消费者在 t 期所持有的资产市场价值，π 为资产回报率，因而 πP_tA_t 即为消费者持有资产能够为消费者带来的回报；Q_t 为消费者在 t 期购买的资产数量，P_tQ_t 为购买资产的支出。Y_t 为消费者在 t 期的工资性收入，r 为在 t 期储蓄的无风险回报率，因而方程 5.7 表示消费者在 t + 1 期的储蓄等于 t 期储蓄加工资性收入、财产性收入减去居民消费，减去消费者购买资产的支出，乘以储蓄回报率。式 5.8 中，ρ 为资产的折旧率，因而表明消费者在 t + 1 期持有的资产数量等于折旧后的 t 期资产数量加上新购买的资产数量。

5.3.2　理论模型求解

为使得上述最优化问题有显示解，假设消费者具体的效用函数为对数效用函数：

$$U(C_t，A_t，S_t) = a\ln C_t + b\ln A_t + c\ln S_t \qquad (5.9)$$

其中，a、b、c 的大小反映了在消费者心中消费、资产和储蓄能够为消费者带来的效用的权重，数值越大，说明带来的效应水平越高。将式（5.9）代入最优化方程，并构造求解最优化方程的拉格朗日函数：

$$\begin{aligned}
\Lambda = \sum_{t=0}^{T} \{ & \beta^t(a\ln C_t + b\ln A_t + c\ln S_t) + \beta^{t+1}m_{t+1} \\
& [r(S_t + Y_t - C_t + \pi P_tA_t - P_tQ_t) - S_{t+1}] + \\
& \beta^{t+1}n_{t+1}(\rho A_t + Q_t - A_{t+1}) \}
\end{aligned}$$

该最优化问题的控制变量为 C_t 和 Q_t，即消费者会根据自身的效用最大化决定每期的消费量和资产购买量，进而实现自身的效用最大化。m_t 和 n_t 为动态拉格朗日乘子，于是该最优化问题的一阶条件为：

$$\frac{\partial \Lambda}{\partial C_t} = \beta^t \frac{a}{C_t} - \beta^{t+1} m_{t+1} r = 0 \tag{5.10}$$

$$\frac{\partial \Lambda}{\partial A_t} = \beta^t \frac{b}{A_t} + \beta^{t+1} m_{t+1} r \pi P_t + \beta^{t+1} n_{t+1} \rho - \beta^t n_t = 0 \tag{5.11}$$

$$\frac{\partial \Lambda}{\partial S_t} = \beta^t \frac{c}{S_t} + \beta^{t+1} m_{t+1} r - \beta^t m_t = 0 \tag{5.12}$$

$$\frac{\partial \Lambda}{\partial Q_t} = -\beta^{t+1} m_{t+1} r P_t + \beta^{t+1} n_{t+1} = 0 \tag{5.13}$$

进一步简化整理得到：

$$\frac{a}{C_t} = \beta m_{t+1} r \tag{5.14}$$

$$\frac{b}{A_t} + \beta m_{t+1} r \pi P_t + \beta n_{t+1} \rho - n_t = 0 \tag{5.15}$$

$$\frac{c}{S_t} + \beta m_{t+1} r - m_t = 0 \tag{5.16}$$

$$n_{t+1} = m_{t+1} r P_t \tag{5.17}$$

将式（5.14）、式（5.16）及式（5.17）代入式（5.15），消去 m、n 后得：

$$\frac{b}{A_t} + \frac{a \pi P_t}{C_t} + \frac{a \rho P_t}{C_t} - r P_{t-1} \left(\frac{a}{C_t} + \frac{c}{S_t} \right) = 0$$

最后得到：

$$C_t = \frac{a \left[(\pi + \rho) P_t - r P_{t-1} \right]}{cr P_{t-1} A_t - b S_t} S_t A_t \tag{5.18}$$

式（5.18）即为本书研究的核心结论，后文将围绕该结论，进行比较静态分析，以得出相关研究结论。

5.3.3　理论模型结论

1. 资产价格的波动会对居民消费产生重要影响

由于众多研究财富效应的文章中，在计算财富效应时，往往用居民消费对资产价格，如房价和股价进行回归，将所得出的价格系数解释为财富效应，且研究结论中对这种财富效应的方向也存在争议，那么由式（5.18），t 期的居民消费 C_t 对资产价格 P_t 求偏导，可得：

$$\frac{\partial C_t}{\partial P_t} = \frac{a(\pi + \rho)}{crP_{t-1}A_t - bS_t}S_tA_t \qquad (5.19)$$

可知，当 t 期资产价格发生变动以后，居民消费会发生相应的变化，但这种变化会受到 t 期居民所持有的资产数量 A_t 的影响，如果居民在不同时期持有不同的资产数量，即使资产价格的波动是相同的，其对于居民消费的影响也是不同的，随着居民持有的资产数量的不断增长，同样的资产价格波动对于居民消费的影响将会不断增加，因而在考虑资产价格波动的财富效应时必须考虑到居民持有的财富数量。同样，t 期资产价格发生变动以后对消费的影响也会受到储蓄量 S_t 的影响，不同时期储蓄量不同，消费受到资产价格的影响也不同，随着居民储蓄量的不断积累，上述影响也是在不断变化的。

2. 资产价格的财富效应是动态变化的

由式（5.19）可知，由资产价格 P_t 的变动 dP_t，乘以资产数量 A_t，得到资产价格的变动所引起的财富变动 $dW_t = A_t \times dP_t$，则资产价格的波动所导致的居民资产价值变动的财富效应 MPC 为：

$$MPC = \frac{\partial C_t}{\partial W_t} = \frac{a(\pi + \rho)}{crP_{t-1}A_t - bS_t}S_t \qquad (5.20)$$

式（5.20）为本书求解资产价格波动的财富效应的核心公式，

由式（5.20）可知，如果参数 a、π、ρ、c、r、b 保持不变[①]，则资产价格波动的财富效应的大小主要受到当期的资产数量、储蓄量以及上期资产价格的影响。由于在不同时期，居民所持有的资产数量以及储蓄量不同，且资产价格在不断波动，从而上期的资产价格也不是一个稳定的常数值，则资产价格的波动所导致的财富效应在不同时期也有所不同，即是一个动态变化的值。

3. 资产价格波动的财富效应存在两个区制

现有研究在计算财富效应时，发现财富效应有正有负，研究结论甚至完全相反，式（5.20）给出了一种解释，可知式中，由于参数 a、π、ρ、c、r、b 等均为正，因此 MPC 的数值取决于分母 $crP_{t-1}A_t - bS_t$ 数值的正负以及居民储蓄 S_t 的正负。如果从长期来看，一个国家的居民储蓄为正，那么 MPC 的数值则取决于分母中 $P_{t-1}A_t$ 与 S_t 的相对大小。$P_{t-1}A_t$ 可以理解成以上期不变价格计算的当期居民以资产形式持有的风险性财富，而 S_t 则是居民以储蓄形式持有的无风险财富。可知，如果：

$$\frac{P_{t-1}A_t}{S_t} < \frac{b}{cr} \qquad (5.21)$$

则财富效应为负，反之则为正，可以想象，伴随着一国居民财富的不断积累，居民的风险性资产持有量不断增长后，在达到某个临界值之前，财富效应应当为负，而当财富数量超过某个临界值，或者资产价格迅速提高到某个临界值后，财富效应将由负转正。

财富效应的正负转换可以进行一个通俗的解释，如果为正，意味

---

① 这是本书研究的重要假设，这些参数可以分成两类，一类是取决于消费者的主观心理感受，如 a、c、b，另一类 r、π、ρ 则取决于外部市场状况，严格来说这些参数实际上是不断变化的，为了简化分析，本书假定这些参数在不太长的时期内是固定的且为正的数值。

着居民会增加消费，反之会减少消费。分母中 $P_{t-1}A_t$ 可以理解为以上期不变价格计算的当期资产价格，即在居民心中以过去的价格算，他的资产类财富现在是多少，消费者在心中会用资产类财富的多少跟自身的储蓄做一个对比，如果消费者认为资产类财富数量已经足够了，即 $crP_{t-1}A_t$ 超过了 bS_t，则消费者就会将资产类财富因为价格的上涨而获得的额外收益的一部分用来增加消费，即消费者认为所拥有的资产类财富已经为其带来了足够的效用，在资产价格上涨时，继续增加资产类财富所带来的效用，不如增加消费带来的效用多，因而需要增加消费，以实现自身的效用最大化。反之，如果消费者认为自身的资产太少，则会减少消费。

5.4　计量检验

根据前文的研究，下文将建立经济计量模型，对结论进行实证检验，实际验证理论研究的结论。

5.4.1　计量模型

1. 计量模型设定

根据式（5.20）资产价格波动所导致的财富效应是不断变化的，固定系数的计量经济模型已经不适用，因此需要对其进行变参数估计。为了准确估计样本区间财富效应的变动，采用状态空间模型进行参数估计，由于卡尔曼滤波方法在处理多重共线性问题上具有足够的灵活性（晏艳阳和官飞宇，2011）[137]，采用卡尔曼滤波对相关参数进行估计。

由于资产价格波动导致财富变动进而影响消费，即财富效应存在滞后，因而首先建立滞后一期的状态空间方程，对资产价格财富效应进行检验，模型如下：

$$\Delta C_t = \alpha_0 + \alpha_1 \Delta P^H_{t-1} H_{t-1} + \alpha_2 \Delta H_{t-1} P^H_{t-1} + \alpha_3 \Delta P^S_{t-1} S_{t-1}$$
$$+ \alpha_4 \Delta S_{t-1} P^S_{t-1} + \alpha_5 \Delta Y_{t-1}$$

状态方程：

$$\alpha_i = \alpha_i(-1) + \varepsilon_i \ (\text{其中，} i = 1、2、3、4、5)$$

基于上述方程，对状态参数利用卡尔曼滤波法进行计算，得到表5.2。

表5.2 资产价格财富效应的估计

状态变量	最终状态	Z 值	P 值
α_1	− 0.0032	− 1.2758	0.2020
α_2	0.0177	0.7074	0.4793
α_3	0.0024	0.2113	0.8327
α_4	0.0031	0.1719	0.8635
α_5	− 0.0516	− 0.9355	0.3495

表5.2中，所估算出的 α_1 为房产价格财富效应的最终状态，α_3 为股票价格财富效应的最终状态，但上述两个指标均统计不显著，认为资产价格财富效应的滞后效应不显著，因而在后文的研究中，没有采用滞后模型，而是采用了同期决定模型。当然，上述滞后模型不显著，并不能表明财富效应没有滞后性，而是说在一个季度的滞后期中，财富效应的滞后性质不明显，一种最可能的情况是，财富效应存在滞后性，但这种滞后期可能是一个月或者更短，甚至于像股票这种

几乎每天都在波动的资产，其财富效应的滞后期可能仅仅是几天时间而已，如果滞后期时间比较短，那么建立滞后一个季度的计量模型便没有了意义，考虑到上述几个方面的因素，本文最终建立式 5.22 中的计量模型。

利用 Eviews7，设定差分形式的计量模型如下：

量测方程：

$$\Delta C_t = \alpha_0 + \alpha_1 \Delta P_t^H H_t + \alpha_2 \Delta H_t P_t^H + \alpha_3 \Delta P_t^S S_t + \alpha_4 \Delta S_t P_t^S + \alpha_5 \Delta Y_t$$

$$(5.22)$$

状态方程：

$$\alpha_i = \alpha_i(-1) + \varepsilon_i \ （其中，i = 1、2、3、4、5）$$

计量方程 5.22 中，ΔC_t 表示消费者在 t 期的消费相对于上期的变动，ΔY_t 表示居民工资性收入的变动。ΔP_t^H 表示房产价格的变动，因而 $\Delta P_t^H H_t$ 表示由于房产价格的变化所导致的居民资产价值的变动，而 ΔH_t 表示居民持有的房产数量的变动，房产数量的变动一方面来源于居民的资产购买行为，另一方面也受到资产折旧的影响，因而 $\Delta H_t P_t^H$ 表示由于资产数量的变化所导致的财富的变动；同理 $\Delta P_t^S S_t$ 和 $\Delta S_t P_t^S$ 分别表示居民持有的股票价值的变动来源于股价的变动以及股份数量变动的部分。由于居民持有的资产类型较多，但主要的市场化资产为房产和股票，因而计量方程中只涉及这两种资产。

由上述方程计算出的系数中，α_1 和 α_3 即为资产价格的财富效应，而 α_2 和 α_4 则表示由于财富数量变动对居民消费的影响，主要包括了替代效应和可实现的财富效应。

2. 数据说明与计算

因变量 ΔC_t：采用临近两期的人均居民消费的差计算而来，由于前文中财富估计时只能估计城镇居民的财富数量，因而出于计量分析需要，在本部分中消费的变动仅为城镇居民的消费数据。

自变量 $\Delta P_t^H H_t$ 和 $\Delta P_t^S S_t$：这两个变量表示的是由于资产价格的变化所导致的居民房产和股票财富的价值变化，在第 3 章财富估计中对居民持有的房产和股票价值进行了估算，但并没有对财富的变动进行分解，财富变动的来源有两个：价格变动导致的财富变动和数量变化导致的财富变化，以 $\Delta P_t^S S_t$ 为例，根据前文中计算出的连续两期的价格，可以得到股票的价格变动，然后乘以 S_t，即可得到 $\Delta P_t^S S_t$，但在实际计算中，这样计算误差会较大，用 $(S_t + S_{t-1})/2$，替换 S_t，得到最终用于实际计算的数据，同理得到 $\Delta P_t^H H_t$。

自变量 $\Delta S_t P_t^S$ 和 $\Delta H_t P_t^H$：这两个变量表示的是由于资产数量的变化所导致的居民股票和房产财富的价值变化，以 $\Delta S_t P_t^S$ 为例，用临近两期股票数量的变化 ΔS_t 乘以临近两期资产价格的一半，即 $(P_t^S + P_{t-1}^S)/2$，就可以得到用于计算的数据，同理得到 $\Delta H_t P_t^H$。

控制变量 ΔY_t：用临近两期的城镇居民工资性收入的变动表示，之所以用工资性收入的变动而不是用可支配收入的变动作为控制变量，是因为可支配收入中，除了包含工资性收入以外，还包括诸如房产和股票在内的资产性收入，这部分财产性收入会与自变量间产生严重的多重共线性问题。同时，收入是决定消费最重要的因素，而工资性收入在居民收入中的地位是非常特殊的，它与财产性收入相比具有更大的稳定性，更容易成为居民对于未来预期的代理变量，工资性收入的变化会使得居民对于未来的持久收入的变化产生预期。

上述数据中，居民工资性收入和消费指标来源于中经网数据库，所有数据为季度数据，由于权威部门提供的城镇居民的消费季度数据开始的时间为 2003 年，因而本部分研究的时间区间为 2003 ~ 2012

年，并且根据 2002 年年底的不变价格进行了平减。

5.4.2 计量结果

将前文计算好的数据代入建立的状态空间方程，基于 Eviews7 进行数据的计算，得到以下计量结果，见表 5.3。

表 5.3   **财富效应的状态空间方程估算**

状态变量	最终状态	Z 值	P 值
α_1	0.003113	45.19907	0.0000
α_2	0.051762	94.09254	0.0000
α_3	− 0.007070	− 22.73560	0.0000
α_4	− 0.002320	− 4.59826	0.0000
α_5	0.013859	21.95474	0.0000

表 5.3 给出了基于状态空间方程 5.22 的参数估算的最终状态结果，其中根据前文的分析，α_1 为房产价格波动的财富效应的最终状态，而 α_3 为股票价格波动财富效应的最终状态，从最终状态来看，α_1 显著为正，而 α_3 显著为负，且从数值上看，股价波动的财富效应大于房产价格波动的财富效应。

为了得到在样本区间内的财富效应的变参数估计，以便了解财富效应的变动过程，采用卡尔曼滤波法对式（5.22）的状态变量进行了参数估计，得到了房产和股票价格波动的财富效应的变参数估计结果，见表 5.4。

表 5.4 资产价格波动的财富效应动态值

时间	房产价格财富效应	股票价格财富效应	时间	房产价格财富效应	股票价格财富效应
2003Q1	0.00000	0.000000	2008Q1	− 0.00384	− 0.007882
2003Q2	− 0.01944	0.002516	2008Q2	− 0.00165	− 0.005779
2003Q3	0.05902	− 0.197700	2008Q3	− 0.00168	− 0.005639
2003Q4	0.02857	− 0.277840	2008Q4	− 0.00594	− 0.009630
2004Q1	− 0.00918	− 0.219620	2009Q1	− 0.00512	− 0.012625
2004Q2	− 0.01142	− 0.185040	2009Q2	− 0.00443	− 0.009754
2004Q3	− 0.03445	− 0.063630	2009Q3	− 0.00442	− 0.009879
2004Q4	− 0.04076	− 0.004040	2009Q4	− 0.00717	− 0.011359
2005Q1	− 0.02130	− 0.089880	2010Q1	− 0.00742	− 0.011229
2005Q2	− 0.02870	− 0.068380	2010Q2	− 0.00516	− 0.006388
2005Q3	− 0.00623	− 0.143260	2010Q3	− 0.00541	− 0.010722
2005Q4	− 0.00601	− 0.112920	2010Q4	− 0.00555	− 0.010594
2006Q1	− 0.00667	− 0.066690	2011Q1	− 0.00502	− 0.009752
2006Q2	− 0.00373	− 0.028810	2011Q2	− 0.00487	− 0.009728
2006Q3	− 0.00316	− 0.046920	2011Q3	− 0.00837	− 0.013578
2006Q4	− 0.00314	− 0.047690	2011Q4	− 0.00744	− 0.012015
2007Q1	− 0.00068	0.027626	2012Q1	− 0.00748	− 0.011886
2007Q2	− 0.00273	0.013227	2012Q2	− 0.00608	− 0.010099
2007Q3	0.00043	0.020942	2012Q3	− 0.00576	− 0.010063
2007Q4	0.00311	− 0.005360	2012Q4	− 0.00707	− 0.010303

5.4.3 计量结果的分析

表 5.4 给出了房产价格变动与股票价格变动的财富效应的季度估

计值，由于卡尔曼滤波法在进行参数估计时存在先验分布误差，因此前期的参数估计变动较大，但卡尔曼滤波算法会使得估计的参数会很快收敛到目标值。因而在后文进行计量结果的分析时，不考虑前两年的参数估计。

1. 房产价格波动的财富效应

从表5.4来看，房产价格的变动所导致的财富效应数值在不断波动，大致的波动区间为 -0.007 ~ 0.005，且从数值上来看，2007年第三季度前财富效应为负，而之后财富效应开始为正，图5.2更为直观地给出了上述研究结果。

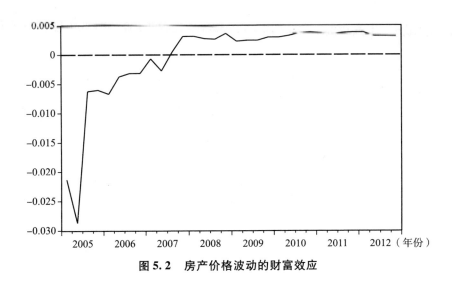

图 5.2　房产价格波动的财富效应

从图5.2中可以发现房产价格波动的财富效应明显存在正负两个区制，区制转换的时间节点即为2007年第四季度，这也验证了前文关于财富效应存在区制转换的假设。

2. 股票价格波动的财富效应

表5.4中，股票价格波动的财富效应的变化相对于房产财富效应

呈现出显著不同的特征。从数值上来看，股票价格波动的财富效应较大，表明，单位股价的波动相对于房价波动而言对居民消费的影响更大。图5.3 给出了股票价格波动的财富效应。

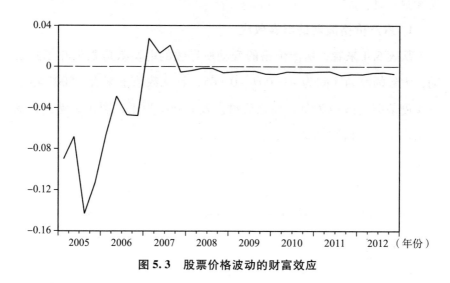

图 5.3　股票价格波动的财富效应

从趋势上来看，图5.3 中，从 2005 年开始，股市财富效应不断提升，在 2007 年迅速下降，截至 2008 年后一直趋于平稳。从区制上来看，股市财富效应在除 2007 年的大多数年份一直为负，而在 2007 年则为正。结合前文中的理论分析，由于 IPO 以及企业增发、扩股等的不断进行，我国居民持有的股票数量应当是不断提升的，而仅仅是 2007 年的财富效应为正，其后的所有年份中，虽然居民持有的股票数量也在不断增加，但财富效应却一直为负，唯一的解释是在 2007 年的股市繁荣时期，股票价格不断攀升，使得居民持有的股票财富迅速增长，而在当年居民对于股市投机的狂热引发了居民储蓄从银行向证券市场的大搬家，上述两方面因素的结合，从而引起了财富效应发生了由负到正的区制转换。

5.5　本 章 小 结

由于现有研究在财富效应的方向问题上没有一致性的研究结论，特别是区制转换计量模型认为财富效应可能存在方向性转换，因而现有研究结论存在争议的原因之一很可能是因为在研究时，样本区间仅仅是局限于某个区制，在不同的区制财富效应的方向可能是不同的。因而本章通过建立理论模型，将消费者的资产配置行为纳入效用函数和约束方程，认为除了消费以外，消费者占有的资产、储蓄均能够给消费者带来效用。

（1）基于理论推导，发现从理论上来看，存在以下结论：

资产价格的波动会对居民消费产生重要影响，如果居民在不同时期持有不同的资产数量，即使资产价格的波动是相同的，其对于居民消费的影响也是不同的，随着居民持有的资产数量的不断增长，同样的资产价格波动对于居民消费的影响将会不断增加，因而在考虑资产价格波动的财富效应时必须考虑到居民持有的财富数量。

资产价格的财富效应是动态变化的，由于在不同时期，居民所持有的资产数量以及储蓄量不同，资产价格的波动所导致的财富效应在不同时期也有所不同。

资产价格波动的财富效应存在两个区制，居民的资产储蓄量间存在一个临界值，当小于临界值时财富效应为负，反之则为正，可以想象，伴随着一国居民财富的不断积累，居民的风险性资产持有量不断增长后，在达到某个临界值之前，财富效应应当为负，而当财富数量超过某个临界值，或者资产价格迅速提高到某个临界值后，财富效应将由负转正。

（2）从实证来看，由于财富效应是不断动态变化的，因而通过建立状态空间方程，通过卡尔曼滤波方法，本章计算出了样本区间的房产价格波动的财富效应和股票价格波动的财富效应，认为：

房产价格的变动所导致的财富效应数值在不断波动，大致的波动区间为 - 0.007 ~ 0.005，且从数值上来看，2007 年第 3 季度前财富效应为负，而之后财富效应开始为正。房产价格波动的财富效应明显存在正负两个区制，区制转换的时间节点即为 2007 年第四季度。

股票价格波动的财富效应的变化相对于房产财富效应呈现出显著不同的特征。从数值上来看，股票价格波动的财富效应较大，表明，股价的波动相对于房价波动而言对居民消费的影响更大。从趋势上来看从 2005 年开始，股市财富效应不断提升，在 2007 年迅速下降，至 2008 年后一直趋于平稳。从区制上来看，股市财富效应在除 2007 年的大多数年份一直为负，而在 2007 年则为正。

第6章

资产价格波动的财富效应：地位与特征

资产价格的波动导致财富波动，进而影响居民消费，即为财富效应，但在财富效应的几个方面构成中，资产价格财富效应处于什么地位，以及在居民消费变动中的众多因素中，由于资产价格的波动所导致的财富效应在居民消费变动中的地位是什么，能够占到消费变动的多大比例，回答上述两个方面的疑问，正是本部分所要研究的问题。

6.1　居民消费变动的影响因素

影响居民消费变动的因素众多，如居民的收入水平、居民所面临的收入与支出的不确定性、信贷市场的不完善导致的预算约束、居民的消费行为等因素。

6.1.1　居民收入

收入变动在消费变动中地位特殊，对于居民消费问题的研究主要基于消费函数理论，根据凯恩斯绝对收入假说，居民消费是当期收入的函数，居民收入与当期消费密切相关。而生命周期理论以及持久收入假说的提出，认为居民消费是居民长期收入的函数，暂时性的收入变动对于居民消费影响非常小。霍尔（1978）和萨金特（1978）[138]提出了理性预期—持久收入假说，根据霍尔的理论，居民消费的变动是一个随机游走的过程，不可预测，同时消费对当期收入的过度敏感性不能简单认为是消费对当期收入的边际消费倾向，因为收入是一个高度序列相关的过程，当期收入的变动实际上是与持久收入的变动紧密相关的，即当期收入的变动会导致消费者未来收入预期的变动。

弗莱文（1981）认为萨金特（1978）以未来可支配收入的现值计算持久收入的方法是错误的，因为可支配收入不仅仅包括未来的劳动收入还包括非劳动收入，但非劳动收入的现值之和并不等于现有的非人力财富，而霍尔（1978）在计算消费符合随机游走时所建立的回归方程是一种简化式方程（reduced form），回归系数并不能表明变量间的结构化关系，因此弗莱文建立了消费的结构化关系式（structual form），认为当期收入的变动会导致消费者对未来持久收入产生预期，进而消费对于预期的持久收入产生反应，从而产生消费对当期收入的过度敏感性。而把持久收入理论对未来收入预期的强调和生命周期理论对财富和人口统计变量的强调结合起来（刘建江，2002）[139]，正是众多财富效应研究的理论基础。同时弗莱文（1985）[140]认为流动性约束是消费对当期收入过度敏感性的重要原因。无论如何，上述理论均肯定了居民收入在消费决定中的重要地位。

6.1.2 不确定性

通过将不确定性引入收入过程，利兰（Leland，1968）[141]开创了预防性储蓄理论，之后众多学者从该角度探讨收入不确定性对居民消费的影响，如泽尔兹（1989）、戴南（1993）、卡罗尔（2006）。弗莱文（1973）将不确定性引入居民预算约束，提出了流动性约束问题，之后大量学者基于该理论研究消费问题，如斯蒂格利茨和魏斯（Stiglitz and Weiss，1981）[142]。现代行为经济学将行为不确定性引入对居民消费的决策研究中，继卡尼曼和特沃斯基（Kahneman and Tversky，1979，1992）[143,144]的开创性工作之后，许多学者从心理和生理的角度不断考察人的经济行为，特别是莱布森（Laibson，1997）[145]双曲线贴现模型的提出，很好地解释了消费者在跨期决策时的时间行为不一致特征。基于上述几个方面的理论，众多学者研究了我国居民消费问题，如袁志刚和宋铮（1999）[146]、龙志和与周浩明（2000）[147]、万广华等（2003）[148]、樊潇彦等（2007）[149]、陈晓光和张宇麟（2010）[150]、叶德珠等（2012）[151]得出了丰富的结论，认为除收入本身外，预防性储蓄、信贷约束以及行为不确定性等对于我国居民消费有重要的影响。

6.1.3　消费者行为

消费者行为是影响居民消费的另一重要因素，传统经济学假设消费者是理性的，但随着研究深入，发现消费者是有限理性的，有时甚至是无理性的，同时即使消费者是理性的，但消费者群体的行为可能是有限理性的。特别是2002年以来，行为经济学在经济学界受到了空前的重视，认为其大大增强了经济学对现实问题的解释力和预见性（陈柳钦，2012）[152]，从而使得人们更多地从消费者行为的角度分析居民消费的变动。在实际研究中，不同学者也从不同角度进行了广泛的研究。

如高玉伟和周云波（2011）[153]从生命周期内消费者行为的不一致角度进行分析，他们利用国家统计局山东调查总队城镇住户调查2005年1月～2006年12月的月度数据，发现中国城镇居民的消费行为并不完全符合生命周期假说的预期，认为处在退休后生命周期晚期的城镇居民有着较低的狭义边际消费倾向（不包括医疗和教育支出）。而程令国和张晔（2011）[154]认为我国1959～1961年大饥荒经历，对人们成年后的家庭储蓄倾向具有重要影响，并最终影响全社会的储蓄率和消费率。崔海燕和范纪珍（2011）[155]利用1997～2009年农村居民微观调查数据，纳入消费习惯后发现中国农村居民消费表现出了显著的内部习惯，且消费存在着棘轮效应，城镇居民的消费行为对农村居民具有示范效应。周建和杨秀祯（2009）[156]的研究也认为城镇对农村消费行为显著的"示范性"影响作用。张剑渝和杜青龙（2009）[157]认为消费者的购买行为会受到参考群体的影响力，而这种影响力会因消费者认知风格的不同而存在显著差异。

6.2 消费变动的路径：财富效应

上述影响居民消费的因素从不同角度，给出了居民消费变动的来源，从财富效应的角度而言，资产价格的波动对居民消费变动的贡献也可以计算出来。

6.2.1 计算公式

（1）资产价格财富效应的影响。

令 ΔC_t 为居民消费的变动量，MPC_S 和 MPC_H 分别为股票价格波动和房产价格波动的财富效应，代表了财富变动的边际消费倾向，令由股票价格波动和房产价格波动所导致的居民消费变动分别为 ΔC_{St} 和 ΔC_{Ht}，则

$$\Delta C_{St} = MPC_H \times \Delta P_t^H H_t = \alpha_1 \times \Delta P_t^H H_t$$

$$\Delta C_{Ht} = MPC_S \times \Delta P_t^S S_t = \alpha_3 \times \Delta P_t^S S_t$$

那么，令资产价格波动的财富效应导致的居民消费变动为 ΔC_{Wt}，则：

$$\Delta C_{Wt} = \Delta C_{St} + \Delta C_{Ht}$$

根据上述公式即可计算出资产价格波动的财富效应对居民消费的贡献。

（2）替代效应和可实现的财富效应的影响。

令由股票数量变动和住房面积波动所导致的居民消费变动分别为 $\Delta C_{St}'$ 和 $\Delta C_{Ht}'$，则：

$$\Delta C_{St}' = \alpha_2 \times \Delta H_t P_t^H$$

$$\Delta C_{Ht}' = \alpha_4 \times \Delta S_t P_t^S$$

令上述两部分之和 $\Delta C_{Wt}' = \Delta C_{St}' + \Delta C_{Ht}'$，$\Delta C_{Wt}'$ 即为替代效应和可实现的财富效应对居民消费的影响。

6.2.2　数据计算

根据前文中的计算公式，计算出财富效应的贡献，由于卡尔曼滤波方法在计算财富效应时的先验概率分布误差，在前几期的参数估计不稳定，但卡尔曼滤波方法在计算状态参数时会很快地收敛，表6.1给出了自2005年第一季度以来的数据结果。

表 6.1   资产价格的财富效应对居民消费变动的贡献

时间	(1) ΔC_{Ht}	(2) ΔC_{St}	(3) $\Delta C'_{Ht}$	(4) $\Delta C'_{St}$	ΔC_t	广义财富效应的影响
2005Q1	− 21. 21 ***	10. 99 ***	90. 37 ***	31. 37 ***	30. 58	111. 52
2005Q2	12. 66	0. 36	111. 28 ***	19. 85 ***	86. 01	144. 15
2005Q3	− 40. 25 ***	− 10. 13 ***	86. 13 ***	7. 30	27. 38	43. 05
2005Q4	− 5. 62 **	26. 02 ***	82. 26 ***	− 51. 32 ***	6. 46	51. 34
2006Q1	17. 53 ***	− 5. 26 ***	92. 31 ***	− 70. 14 ***	62. 51	34. 44
2006Q2	− 16. 64 ***	− 13. 92 ***	69. 62 ***	− 36. 28 ***	7. 96	2. 78
2006Q3	9. 16 ***	11. 88 ***	40. 54 ***	− 3. 61	59. 75	57. 97
2006Q4	− 5. 11 **	− 13. 50 ***	45. 41 ***	− 1. 57	29. 88	25. 23
2007Q1	− 2. 80	25. 70 ***	42. 62 ***	45. 57 ***	174. 56	111. 09
2007Q2	− 2. 18	12. 07 ***	83. 81 ***	− 119. 93 ***	− 121. 35	− 26. 23
2007Q3	2. 24	31. 88 ***	94. 35 ***	− 79. 57 ***	83. 71	48. 90
2007Q4	− 9. 54 ***	− 3. 44 *	80. 52 ***	16. 75 ***	45. 64	84. 29
2008Q1	− 18. 05 ***	10. 59 ***	94. 90 ***	− 73. 61 ***	20. 38	13. 83
2008Q2	8. 52 ***	2. 08	94. 15 ***	− 11. 18 *	62. 70	93. 57
2008Q3	− 12. 76 ***	1. 22	101. 05 ***	− 4. 24	31. 84	85. 27
2008Q4	21. 95 ***	5. 47 ***	73. 06 ***	− 9. 26	106. 65	91. 22
2009Q1	16. 92 ***	− 4. 82 **	45. 84 ***	− 11. 34 *	30. 08	46. 60
2009Q2	18. 73 ***	− 5. 66 ***	42. 95 ***	− 9. 72	85. 81	46. 30
2009Q3	3. 70	0. 92	43. 07 ***	− 18. 23 ***	33. 40	29. 46
2009Q4	1. 65	− 5. 86 ***	56. 44 ***	− 24. 19 ***	29. 91	28. 04

续表

时间	(1) ΔC_{Ht}	(2) ΔC_{St}	(3) $\Delta C'_{Ht}$	(4) $\Delta C'_{St}$	ΔC_t	广义财富效应的影响
2010Q1	3.12	2.46	58.87 ***	-13.73 **	72.59	50.72
2010Q2	-11.06 ***	7.55 ***	39.55 ***	-10.58 *	14.59	25.46
2010Q3	6.74 **	-2.14	13.75 **	-3.55	16.26	14.80
2010Q4	9.14 ***	-0.34	11.49 **	-3.18	70.43	17.11
2011Q1	14.55	0.04	8.79	-0.86	37.25	22.52
2011Q2	-20.32 ***	2.40	11.35 **	-1.38	21.46	-7.95
2011Q3	0.27	8.80 ***	19.99 ***	-1.46	110.65	27.60
2011Q4	-1.62	6.46 ***	19.41 ***	0.62	57.45	24.87
2012Q1	-0.56	0.44	27.24 ***	-1.83	60.19	25.29
2012Q2	26.62 ***	-1.19	20.37 ***	-1.09	26.44	44.71
2012Q3	6.08 **	1.75	15.90 ***	-0.21	32.93	23.52
2012Q4	-9.85 ***	-0.44	51.36 ***	0.30	54.39	41.37
样本标准差	14.47	10.45	31.65	33.34	46.81	36.96
样本均值	0.06	3.20 **	55.27 ***	-13.76 ***	45.89	44.77
T值	0.02	1.73	9.88	-2.34	5.46	6.85
P值	0.98	0.09	0.00	0.026	0.00	0.00

注：第（1）～第（4）列中，*、** 和 *** 分别表示 10%、5%、1% 水平下显著；表中，ΔC_{Ht}、ΔC_{St}、$\Delta C'_{Ht}$、$\Delta C'_{St}$ 分别表示居民消费变动中，来源于房产价格波动的财富效应、股票价格波动的财富效应、房产的替代效应和可实现的财富效应、股票的替代效应和可实现的财富效应的部分；在计算表中指标时，采用的指标为经过季节调整后的指标。

6.3 资产价格财富效应的地位

6.3.1 在居民消费变动中的地位

1. 图表分析

表 6.1 中 ΔC_{Ht} 数值为正的时间共有 17 个季度，为负的时间有 15 个季度，8 年中房产价格的财富效应促进消费和抑制消费的时间大致持平。8 年中，3 个或 4 个季度 ΔC_{Ht} 为负的年份有 2005 年和 2007 年，3 个或 4 个季度为正的年份有 2009 年和 2010 年。相对于股票价格对居民消费的影响而言，房产价格的财富效应对居民消费影响的方向变动更为频繁。从显著性角度而言，在 10% 水平下，能够显著增加居民消费的季度为 12 个，而能够显著降低居民消费的季度有 11 个，在样本期的 32 个季度中，房产价格的财富效应能明显影响居民消费的季度占到了 70% 多。

表 6.1 中 ΔC_{St} 数值为正的时间共有 20 个季度，为负的时间有 12 季度，表明股票价格的波动在从 2005～2012 年的 8 年时间中，有 3 年的时间是抑制了居民消费的，有 5 年的时间是促进了消费的，8 年中，3 个或 4 个季度 ΔC_{St} 为负的年份有 2006 年、2009 年，3 个或 4 个季度 ΔC_{St} 为正的年份有 2005 年、2007 年、2008 年、2011 年，其中 2008 年和 2011 年两年的时间中，股票价格的财富效应均正向促进了居民消费。从显著性角度而言，在 10% 水平下，股票财富效应的存在能够显著影响居民的季度有 19 个，其中，能够显著增加居民消

费的季度有 11 个，主要分布在 2005 年、2007 年、2008 年和 2011
年，在这些年份中，股市呈现出较快的价格上涨，其中，在股票市场
飞速上涨的 2007 年前 3 个季度，股票价格的上涨均显著增加了居民
消费，而显著降低居民消费的季度有 8 个。在样本期的 32 个季度内，
股票价格的财富效应能显著影响居民消费的比例占到了 50% 多。

图 6.1 更直观地给出了资产价格财富效应对居民消费变动的影响。

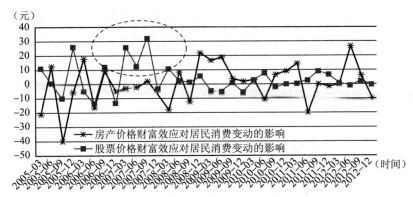

图 6.1　资产价格财富效应对居民消费变动的影响

注：以 2002 年年底不变价格计算。

从图 6.1 中可以看出，两种资产价格财富效应对居民消费的影响
在样本期间内是在不断波动的，呈现出增加消费和减少消费不断交替
的特征，且两条线呈缠绕交错趋势，唯一的例外出现在股票市场的
2007 年（如图中虚线圆圈所示），在股市价格指数飞涨的 2007 年内，
股票价格的持续上涨显著增加了当年的居民消费。

2. 描述性统计分析

为了从总体上了解在样本期资产价格的财富效应对居民消费的影
响程度，表 6.1 中，最后三行给出了 ΔC_t、ΔC_{St} 和 ΔC_{Ht} 的相关统计指标。

从均值来看，在样本期，季度居民消费变动的平均值为 45.89

元，在1%水平下显著，说明在样本期伴随着经济的增长，我国居民消费整体来看是在显著地不断增加的，我国居民消费的变动并不符合随机游走的特征，而由房产价格波动的财富效应导致的居民消费的变动平均为0.06元，说明房产价格的波动所导致的财富效应从整体来看是增加了居民消费，但是该指标在统计上不显著，结合前文的分析，房产价格的波动虽然在样本期能够在特定的时期显著增加和减少消费，但增加消费和减少消费的力度几乎相同，从而导致了从样本期整体来看，房产价格的财富效应对居民消费的整体影响不显著。

股票价格波动的财富效应导致的居民消费波动的平均值为3.2，且在10%水平下显著，说明在样本期整体来看股票价格的波动，整体而言显著促进了居民消费的增加。

6.3.2　在财富效应中的地位

资产价格财富效应作为财富效应的重要构成部分，与其他类型的财富效应相互关联，因而除了要探讨资产价格财富对居民消费的影响，还需要分析在财富效应中，资产价格的财富效应所起到的作用。

1. 房产财富效应

表6.1中，第（1）和第（3）列分别给出了房产价格的财富效应以及房产的替代和可实现财富效应对居民消费的影响，从数值的大小来看，不考虑方向，房产价格财富效应与替代和可实现财富效应之比超过20%的有14个季度，超过10%的则有21个季度，说明在房产的财富效应构成中，资产价格的财富效应是一个重要的构成部分。图6.2给出了各个时期，上述两种财富效应对居民消费影响的数值之比（其中数值为百分比），发现在样本期上述数值比例一直在不断波动，且在个别年份上述比例甚至超过了100%，如在2012年第二季

度，房产价格的财富效应超过了替代和可实现财富效应，成为影响居民消费的最主要因素，而在 2011 年第二季度，该数值为 −180%，说明房产价格的财富效应在很大程度上降低了财富效应。

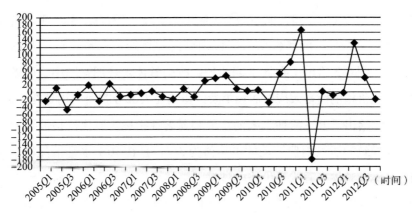

图 6.2　房产价格财富效应影响占比

注：数据为笔者计算。

从相关统计量来看，样本期，房产价格财富的均值为 0.60，且 10% 水平下统计不显著，而房产的替代和可实现财富效应均值为 55.27，且在 1% 水平下显著，说明，虽然房产价格的财富效应会在短期内影响到居民消费，但由于房产价格的财富效应会在不同时期对居民消费的影响方向会发生逆转，因而导致了其在整体上对居民消费没有影响，但房产的替代和可实现财富效应却在样本期显著增加了居民消费，且从过程来看，发现表 6.1 中第（3）列的数值绝大部分显著为正，说明在样本期，房产的权益性回报和房产的购买行为，均显著增加了居民消费，且从数量上来看，我国居民消费的季度平均增量为 45.89，而房产的替代和可实现财富效应数值为 55.27，说明房产的财富效应是我国居民消费增加的重要推动拉动力量。

2. 股票财富效应

表6.1中，第（2）和第（4）列分别给出了股票价格的财富效应以及股票的替代和可实现财富效应对居民消费的影响，从数值的大小来看，不考虑方向，股票价格财富效应导致居民消费的变动超过替代和可实现财富效应的时间，虽然只有9个季度，但如果考虑到方向和数值的正负符号，股票价格对居民消费的整体影响却是正的，从图形上来看，图6.3给出了在样本期两种影响的具体走势图，图中，两条线中，股票价格的财富效应对居民消费的影响在大部分时间点均处在上方，表6.1中给出了上述两种影响的均值和显著性指标，股票价格波动的财富效应导致的居民消费波动的平均值为3.2，且在10%水平下显著，说明在样本期整体来看股票价格的波动，整体而言显著促进了居民消费的增加。而同时，股票市场中存在的替代效应和可实现财富效应的平均值为 −13.76，且在5%水平下显著，说明我国股票市场的发展过程中，虽然居民能够显著感受到股票财富因为股价上涨而带来的财富增加，从而增加消费，但同时，居民也会不断地去购买股票，从而抑制了居民消费。

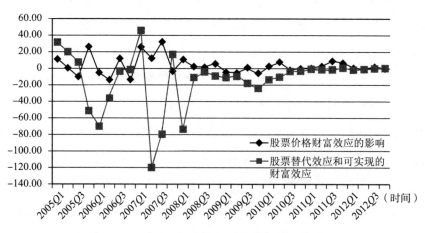

图6.3 股票市场财富效应对居民消费的影响

注：数据为笔者计算。

由于均值显著为正，说明与房产价格财富效应的整体不显著不同的是，股票价格的财富效应在样本期显著增加了居民消费，从而抵消了股票的购买行为所带来的消费减少。

6.4 两种资产价格财富效应的关系

为了从整体上分析两种资产价格财富效应对居民消费的长期贡献，下文将基于计量分析进行实证计算。

6.4.1 两种财富效应的联系机制

1. 股市与房地产市场的发展历程

王皖君（2012）[158]总结了我国1995年以来，中国股市与房地产市场的发展历程，认为二者均经历了四个阶段：第一阶段，1995～2001年上半年，房产投资增速跌落而股市繁荣；第二阶段，2001年下半年～2005年上半年，房地产市场开始回升，股市步入萧条；第三阶段，2005年下半年～2007年上半年，房地产市场和股市步入共同繁荣阶段；第四阶段，2007年下半年以来两个市场关系变得更为复杂。

2. 房价与股价间的联系机制

房价与股价间的联系，从理论上讲可以分成四个方面：第一，房价与股价作为资产价格，会受到一国货币政策的影响，当一国货币供给量发生变动时，房价和股价可能会发生同向的变动；第二为收入效应，当一种资产价格变动时，导致居民的财富总量发生相应的变化，进而财富的改变使得居民增加或减少对另外一种资产的购买；第三为

119

替代效应，居民风险投资组合中，房产和股票作为我国居民两种最主要的投资路径，当一种资产的价值量发生波动时，居民出于投资的需要，会重新配置资产组合，进而影响到相应资产的价格；第四，房价或股价的变动，会影响到居民对于未来收入、财富、经济景气程度等的预期，进而使得居民改变资产持有量，导致资产价格的变化。

在实证研究中，匡小平和干霖（2012）[159]选取中国1998~2010年的月度数据，运用协整和误差修正模型及格兰杰因果检验，对我国通货膨胀与股价、房价等资产价格相关性进行了研究，认为我国资产价格与通货膨胀之间存在长期均衡关系。李星和邹战勇（2012）[160]选取2006年以来的季度数据，以深圳房价与深证指数为基础样本，分别进行统计分析，建立股利折现模型，最后得出中国房产价格与股票价格间存在相关性的结论，同时认为滞后四期的深证指数是深圳房价的格兰杰原因。徐国祥和王芳（2012）[161]采用频域的交叉谱分析法对1998年1月~2010年12月我国房地产实体经济与股票市场周期波动及其关联性进行了实证研究，认为自1998年1月以来，我国房地产实体经济与股票市场和房地产股票市场都存在着39个月和26个月的耦合周期，且在39个月的耦合周期时，三个市场都同步完成一个周期波动，而在26个月的耦合周期时，股票市场领先于房地产实体经济3个月，房地产股票市场要领先于房地产实体经济4个月。况伟大和赵宇华（2010）[162]实证分析后认为：我国土地市场与股票市场间存在正相关关系，土地价格上涨引起股票价格上涨；地价上涨并未导致房价上涨。巴曙松等（2009）[163]认为股市与房市间的关系表现为股市是房市的线性格兰杰原因，而房市在一定程度上是股市滞后的非线性格兰杰原因。邓粲和杨朝军（2008）[164]认为房价波动与经济周期基本同步，股价波动大大领先房价波动。总之，无论上述研究结论如何，均认为房价与股价的变动间存在着密切的联系。

6.4.2 两种财富效应的关系计量

由于房地产市场和股票市场的联动机制，二者的价格财富效应间是否存在长期的均衡关系值得研究，为了检验两种资产价格波动财富效应间的关系，下面建立协整方程进行分析。

1. 单位根检验

要建立协整方程，待分析的时间序列必须为平稳序列，或者如果序列不平稳，那么应当是同阶的单整关系。基于第4章中对房产价格波动的财富效应以及股票价格波动财富效应的卡尔曼滤波估计数据，表6.2给出了两类财富效应的单位根估计结果。

表6.2 两种财富效应的平稳性检验

变量	检验类型（c，t，k）	t 值	p 值
房产价格波动的财富效应	（c，0，7）	−8.39	0.000
股票价格波动的财富效应	（0，0，0）	−1.93	0.000

注：（c，t，k）中 c，t，k 分别表示截距项、阶数、滞后项。

表6.2中，两种类型的财富效应在水平值上，单位根检验均拒绝存在单位根的原假设，认为上述序列均为平稳序列。

2. 格兰杰因果检验

资产价格财富效应的格兰杰因果检验见表6.3。

表 6.3   资产价格财富效应的格兰杰因果检验

零假设	观察值	F 值	P 值
MPC_H 不是 MPC_S 的格兰杰原因	32	7.83	0.000
MPC_S 不是 MPC_H 的格兰杰原因		6.54	0.001

注：MPC_H 和 MPC_S 分别为房产和股票价格波动的财富，滞后阶数为 4 阶。

表 6.3 中格兰杰因果检验表明，均拒绝原假设，认为房产价格财富效应与股票价格财富效应互为格兰杰因果。

3. 协整方程

在变量间存在协整关系的条件下，可以建立协整方程，对两种资产价格财富效应间的关系进行实证检验，见表 6.4。

表 6.4   Johansen 协整检验结果

协整方程个数	特征值	迹检验	5% 水平临界值	P 值
0	0.77	66.11	15.49	0.00
最多 1 个	0.45	5.65	19.31	0.00

表 6.4 认为两种资产价格的财富效应间存在两个协整方程，根据对数似然值选择估计第一个协整方程，下式给出了协整方程估计结果：

$$MPC_H = 0.006 + 0.096 MPC_S$$

$$(0.045)$$

$$[t = 2.13]$$

式中给出了协整方程的计量结果，其中 MPC_H 和 MPC_S 分别为房产和股票价格波动的财富，协整中 MPC_S 的系数在 1% 水平下显著为正，表明两种资产价格的财富效应间长期来看存在正向的关系，由于二者间存在双向格兰杰因果关系，上式说明在股票价格的财富效应提高1个单位的同时，房产价格的财富效应只提高约0.1个单位，股票价格财富效应在长期来看是房产价格财富效应的约10倍。

6.5 资产价格财富效应影响的对称性特征

相关研究如郑华和谢启超（2012）、佩尔托宁等（2009）均发现不同资产的财富效应是非对称的，而骆祚炎（2012）的研究认为这种非对称性非常微弱，根据表6.1中的数据，可以分析在样本期我国房产和股票价格波动财富效应对居民消费影响的对称性特征。

6.5.1 房产价格财富效应影响的对称性

为了分析房产价格财富效应对居民消费影响的非对称性，将表6.1第（1）列ΔC_{Ht}中，在10%水平下显著为正的数据和显著为负的数据分别取出，并取绝对值，放入表6.5中第（1）和第（2）列中，得到了表6.5。

表6.5中，房产价格财富效应显著正向影响居民消费的样本量均为12期，而显著负向影响居民消费的样本量为11期，正负期间基本相同，从均值来看，显著正向影响的均值为15.49，而显著负向影响的均值为14.05，为了衡量两组数据的差异性，对两组数据进行方差差异性检验，发现显著性水平为0.42，不能拒绝方差相同的原假设，认为两组数据存在同方差，因而在同方差的前提下，进一步进行均值差异性检验，发现P值为0.68，不能拒绝原假设，认为两组方差间

不存在显著性的均值差异。

表 6.5　　　　　　　　资产价格财富效应影响的对称性检验

统计指标	（1）房产负向	（2）房产正向	（3）股票正向	（4）股票负向
财富效应影响的绝对值	40.25	6.08	5.47	13.92
	21.21	6.74	6.46	13.50
	20.32	8.52	7.55	10.13
	18.05	9.14	8.80	5.86
	16.64	9.16	10.59	5.66
	12.76	12.66	10.99	5.26
	11.06	14.55	11.88	4.82
	9.85	16.92	12.07	3.44
	9.54	17.53	25.70	
	5.62	18.73	26.02	
	5.11	21.95	31.88	
		26.62		
样本量	11	12	11	8
均值	15.49	14.05	14.31	7.82
样本标准差	9.88	6.47	9.09	4.11
方差差异性检验 p 值	0.42		0.04	
独立样本 T 检验	0.42		-2.09	
P 值	0.68		0.05	

因而基于上述分析，认为，在房产价格波动中，房产价格的波动

所产生的财富效应对居民消费的影响无论从方差来看，还是从均值大小来看，均不存在显著性的差异，即认为我国房产价格财富效应是对称的。

6.5.2 股票价格的财富效应影响的非对称性

将表5.1第（2）列 ΔC_{St} 中，在10%水平下显著为正的数据和显著为负的数据分别取出，并取绝对值，放入表6.5中第（3）和第（4）列中，发现股票价格财富效应显著正向影响居民消费的样本量均为11期，而显著负向影响居民消费的样本量为8期，从时间上来看，正向影响的时期约为负向影响时期的1.5倍。

从方差差异性角度来看，两组方差差异性检验的 p 值为0.04，在5%显著性水平下可以拒绝原假设，即认为两种数据的方差是不同的，从表中报告的标准差来看，正向影响的标准差更大，说明正向影响的波动性更大。

从均值来看，正向影响的均值为14.31，而负向影响绝对值的均值为7.82，正向影响均值是负向影响均值的1.8倍，在两组数据方差不同的前提下，对两组数据进行均值差异性显著性检验，P 值为0.05，则在5%水平，认为两组数据均值间存在较为显著的差异性。上述结论也印证了波本等（2006）的研究结论，他们基于对荷兰1993~2005年的微观数据的研究发现，金融资产正向回报对居民储蓄的影响程度是负向影响程度的2倍，只不过从数值上来看，中国正向影响均值是负向影响均值的1.8倍，在程度上稍小。

综合上述对股票价格财富效应对居民消费的正负影响，上述两组数据间存在较为显著的方差和均值差异性，认为股票价格波动的财富效应的影响存在较为显著的非对称性，且正向影响无论其大小和波动性均大于负向的影响。

6.6 本章小结

本章在分析居民消费变动影响因素的基础上，从资产价格变动的财富效应角度分析了资产价格的波动对居民消费变动的影响，分析了资产价格财富效应在影响居民消费中的地位和特征，主要研究结论有：

（1）在样本期间资产价格的财富效应对居民消费的影响方向是交错出现的。

房产价格的波动在从 2005～2012 年的 8 年时间中，通过资产价格财富效应路径导致居民消费变动数值为正的时间共有 17 个季度，为负的时间有 15 个季度，8 年中房产价格的财富效应促进消费和抑制消费的时间大致持平。从显著性角度而言，在 10% 水平下，能够显著增加居民消费的季度为 12 个，而能够显著降低居民消费的季度有 11 个，在样本期的 32 个季度中，房产价格的财富效应能明显影响居民消费的季度占到了约 70%。

股票价格波动对居民消费的影响数值为正的时间共有 20 个季度，为负的时间有 12 季度，表明股票价格的波动在从 2005～2012 年的 8 年时间中，有 3 年的时间是抑制了居民消费的，有 5 年的时间是促进了消费的。在 10% 水平下，股票财富效应的存在能够显著影响居民的季度有 19 个，其中，能够显著增加居民消费的季度有 11 个，而显著降低居民消费的季度有 8 个。在样本期的 32 个季度内，股票价格的财富效应显著影响居民消费的比例占到了 50% 多。

（2）资产价格财富效应的地位。

在影响居民消费中的地位：从均值来看，在样本期，由房产价格波动的财富效应导致的居民消费的变动平均为 0.06 元，说明房产价格的波动所导致的财富效应从整体来看是增加了居民消费，但是该指标在统计上不显著，原因是，由于房产价格的波动虽然在样本期能够在特定的时期显著增加和减少消费，但增加消费和减少消费的力度几乎相同，从而导致了从样本期整体来看，房产价格的财富效应对居民消费的整体影响不显著。股票价格波动的财富效应导致的居民消费波动的平均值为 3.2，且在 10% 水平下显著，说明在样本期整体来看股票价格的波动，整体而言显著促进了居民消费的增加。

在财富效应中的地位：从数值的大小来看，不考虑方向，房产价格财富效应与替代和可实现财富效应之比超过 20% 的有 14 个季度，超过 10% 的则有 21 个季度，说明在房产的财富效应构成中，资产价格的财富效应是一个重要的构成部分，但由于房产价格的财富效应在不同时期影响方向会发生逆转，因而导致了其在整体上对居民消费没有影响。而与房产价格财富效应的整体不显著不同的是，股票价格的财富效应在样本期显著增加了居民消费，从而降低了股票的购买行为所带来的消费降低。

（3）长期来看，两种资产价格的波动所导致的财富效应存在稳定关系。

通过建立协整方程，发现两种资产价格的财富效应间长期来看存在正向的关系，且二者间存在双向格兰杰因果关系，在股票价格的财富效应提高 1 个单位的同时，房产价格的财富效应只提高约 0.1 个单位，股票价格财富效应在长期来看约是房产价格财富效应的 10 倍。

（4）房产价格财富效应对居民消费的影响对称，股票价格财富效应影响不对称。

房产价格波动中，基于房产价格的波动所产生的财富效应对居民消费的正负影响，分成正负两组数据，取绝对值后，发现无论从方差来看，还是从均值大小来看，均不存在显著性的差异，即认为我国房产价格财富效应是对称的。

股票价格财富效应对居民消费的正负影响中，两组数据间存在较为显著的方差和均值差异性，认为股票价格波动的财富效应的影响存在较为显著的非对称性，且正向影响无论其大小和波动性均大于负向的影响。

第 7 章

资产价格波动的财富
效应：区域异同

我国幅员辽阔，地区差异性较大，不同地区的居民消费行为、收入水平、财富水平、风险偏好呈现出不同的特征，且资产市场，特别是以房产为代表的固定资产市场，很容易受到区域性地方特征的影响，从而使得当资产价格波动时，居民的消费行为呈现出不同的变动特征，最终表现到资产价格财富效应上来的话，就表现为资产价格财富效应的区域差异。因而，本章主要从区域的角度，分析我国资产价格财富效应的区域变动特征。

7.1　区域差异性的初步证据

现有研究中，已经有学者关注到了财富效应的区域性差异问题，这为本章的研究提供了初步的研究基础。如张宗成和张蕾（2011）[165]利用分布滞后模型和时变参数模型对中国房地产市场财富效应进行了研究，通过对比不同地区房地产市场财富效应的动态变化，发现通过分布滞后模型所计算出的结果，显示房地产市场发展的财富效应只在东部地区比较明显，但是在中西部地区不显著，而时变参数模型显示在 2003 年后，东部地区和中部地区财富效应立刻显现，但前者一直保持在高位，没有下滑的趋势，中部地区从 2003 年到最高点后，自 2004 年第二季度开始持续下滑，西部地区在 2003 年也受政策的影响，房地产市场的财富效应出现上升的趋势，但是与中部地区不同的是，房地产市场的财富效应从 2004 年开始到 2008 年就一直波幅不大，财富效应值较低但比较平稳。姚树洁和戴颖杰（2012）通过建立研究房产财富效应的动态面板数据计量模型，发现我国中部和东部地区的财富效应高于西部地区。李成武（2010）[166] 利用 2004 ~ 2009 年的季度面板数据，分析了中国各地区房产财富效应，发现中国中西部地区房产财富效应不显著，而直辖市、东部和东北地区房产财富效应显著为负，认为经济越发达地区，房产负向财富效应影响系数越大。

上述研究虽然结论并不一致，但均从房产财富效应的角度出发，认为我国的东部、中部、西部地区之间存在着较为显著的财富效应差异性。但上述研究中，张宗成和张蕾（2011）、李成武（2010）在计算财富效应时均采用的是房地产价格指数作为表征房产财富的变量，而姚树洁和戴颖杰（2012）则采用了房产价格作为表征房产财富效应的变量，因而他们所计算出的财富效应本质上并不是财富效应，只是房产价格对居民消费的影响，从这个意义上说，他们的研究只是提供了一个资产价格波动的财富效应存在区域差异性特征的初步证据。

7.2 区域差异性的来源

7.2.1 地区财富水平的差异性

我国经济总量大，地区经济总量差异性明显，同时由于幅员辽阔，不同地区经济发展水平参差不齐，从经济发展水平上来看，整体上呈现出东高西低的特征，因而在全国资产价格发生波动时，会导致两个方面的问题。第一个问题是，地区间价格水平与波动的差异性。从价格水平来看，我国东中和西部的房产价格存在明显差异，东部的房产价格明显高于中部和西部，而中部和西部则差别不大，表面上看，这只是房地产市场在价格方面体现的区域差异，而实际上这些差异是由区域经济发展水平不均衡所导致的结果（梁琪等，2011）。从价格波动来看，有的地区资产价格会变动比较大，而有的地区则变动幅度较小，即地区间资产价格的波动是非均衡的。第二个问题是，由于地区间经济的长期差异性，导致了居民的财富累积的差异性，东部地区居民长期积累的财富要远大于中西部地区的累积财富，因而财富总量的不同，导致即使不同地区资产价格发生了同样的变动，其后果是地区间财富的变动也是不同的。因而上述两个方面的共同作用下，导致居民对于财富变动的感受不同，因而所导致的后果也是不同的。

7.2.2 财富结构的差异

财富结构会影响居民的消费和投资决策行为。一般而言高财富家庭的资产组合呈现出多元化的特征，因而其规避风险的能力会较强，而中低财富家庭则较为单一，因而规避风险的能力也就较弱（陈彦斌，2008）[167]，因而在高财富地区，居民资产组合种类较多，居民抗风险能力较强，会使得当居民面对资产价格的变化所导致的财富变动时，一方面会采取资产配置行为规避风险，同时这种抗风险能力的提升，也使得居民的消费不会太受财富变动的影响。而财富结构比较单一的地区，居民抗风险能力较弱的话，当面临资产价格的波动风险时，居民的消费将更可能受到影响。

此外，根据前文的基准理论模型分析结论，居民有一个临界的资产储蓄比，当资产储蓄比低于该临界值时，资产价格的财富效应是负的，而高于该比例时，资产价格财富效应是正的。在不同的地区居民财富结构不同，其表现形式之一就是资产储蓄的配置比例不同，因而不同地区的资产储蓄配置比例很可能会影响到居民财富效应的方向。特别是在我国经济的迅速增长过程中，伴随着居民收入的不断提升，居民的资产结构中，非储蓄类的资产迅速上升，在居民资产结构比重中比例不断提升。从这个意义上来看，东部地区由于经济发展水平较高，因而其资产价格财富效应应当较高，且数值为正的可能性应当更大。

7.2.3 信贷市场发育程度的差异性

居民消费行为会受到预算约束，如果不存在信贷市场，那么居民消费就是受到自身储蓄和资产的约束，因而信贷市场的发育程度，直接影响到了居民通过信贷市场平滑自身消费的能力，在一个较为完善的信贷市场上，居民可以很容易地进行储蓄或者以资产作为抵押物进行信贷。但由于我国改革开放的地区性差异，地区间的开放程度、市场制度的建设、金融市场的发育等表现出很强的区域特征，东部地区往往信贷市场发育程度较好，而西部地区较为落后，在信贷市场发育完善的地区，当资产价格上涨时，居民可以很容易地将这种外生的财富增值转化为增加的居民消费，而在不完善地区，居民很难将资产变现或者融入消费所需要的资金，因而导致了财富与消费间的转换往往是比较困难的，从而导致资产价格的财富效应较为微弱。

7.2.4 消费者行为的差异性

居民消费行为受到地区文化、经济水平、市场发育水平、不确定性等因素的影响，从而表现为我国的居民消费行为呈现出典型的区域异质性特征（赵卫亚等，2012）[168]，如有学者发现城镇居民边际消费倾向的变化与经济发展水平大致成反比，即当地的经济发展水平越高，城镇居民的边际消费倾向越低（战明华和许月丽，2005）[169]。特别是由于居民消费呈现出显著的消费习惯，这种行为特征会使得居民的消费行为在短期内很难发生改变，因而即使是由于地区间经济交流不断加强，区域间的影响也不断强化，但地区间居民消费行为这种差异性仍然会不断持续。总体而言，受到上述几个方面的因素影响，东部地区的消费行为较西部地区而言意识应当更为开放，消费意愿应当比较强，但同时由于消费倾向递减，东部地区也存在降低消费意愿的因素。

根据上述四个方面的分析，东部地区的财富水平较高，居民财富中资产类财富比例较高，信贷相对完善，因而资产价格财富效应应当较高，但同时由于消费倾向递减的影响，东部地区的资产价格财富效应也存在降低的因素。因而可以得出以下假设：

东部地区资产价格财富效应较高，其数值为正的可能性更大。

7.3 地区财富的估算

7.3.1 地区房产财富估算

地区间城镇居民房产财富的估算同第3章房产财富估算方法基本相同，根据各个省份的人均建筑面积以及每季度新销售的住房面积计算人均的季度住房面积，同时考虑到折旧后，按照新增和存量房产价格计算相应的房屋价值。之后，计算出居民资产变动中来源于价格变动与来源于住房面积变动的部分。

7.3.2 地区股票财富估算

地区间城镇居民的股票财富估算与全国不同。由于没有分省的居民股票财富数据，只能根据现有的数据进行相对合理的推算。根据中登公司的《业务统计月报》，其中有上证和深证开户数的分省数据，如果各个地区的居民每个账户持有的财富数量相对持平[①]，根据各个省份的账户数比例，结合第3章中居民持有流通股财富的估算方法，可以计算出各个省份的流通股财富数量，进而结合人口数，可以计算

---

① 当然，更可能的一种情况是东部地区由于居民较为富裕，因而每个持股账户中的资金量可能更高一些，因而如果是这样，那么后文中的估计系数中，东部地区是高估了，而西部地区是低估了。还有一种可能就是，证券市场的参与者只有有了相对充足的储蓄后才会进行投资，因而西部地区证券市场的参与者应当是西部居民群体中收入水平较高的人群，如果是这样，那么上述第一种情况的估算误差可能会小一些。

出人均的股票财富量。进而，可以估算出股票财富变动中来源于价格变动和来源于数量变动的部分。

7.4　资产价格财富效应的计算

7.4.1　数据来源与变量处理

根据数据的可获得性和本书的研究目的，本章选取了我国东部、中部、西部九个省份作为研究对象，通过对这九个省份的对比分析进而得出一般性的研究结论，这九个省份分别为我国东部地区的江苏、广东、山东三省，中部的湖北、湖南和陕西①三省，西部的四川、云南和新疆三个地区。上述九个省份，占到了全国省份的近1/3，具有比较好的代表性。

根据上文地区间居民财富的估算结果，除以当地的城镇常住人口，得到人均居民财富以及人均财富的变动。由于收入预期对于居民财富预期影响较大，而人均可支配收入指标是表征收入预期的重要变量，但由于居民可支配收入中有一部分来源于居民持有的财富，因而在本书的计算中，遵循第4章的思路，用居民工资的变动表征收入预期变动，因而用当地居民的全部单位从业人员劳动报酬指标除以全部城镇单位从业人员数得到人均工资性报酬，利用居民人均工资报酬的差代表收入预期变动。居民消费变动数据，采用城镇家庭人均消费性支出指标表示。上述数据均来源于中经网数据库，样本期间为2003年

---

① 按照政策上划分我国东部、中部、西部的标准，陕西属于国家政策上的西部。

第一季度～2012 年第三季度，进行数据计算前，均按照当地的 CPI 进行了平减，此外，中经网数据库中提供的 2007 年第三季度的居民消费数据有误，对照各个省份的统计局网站提供的数据进行了修正。

7.4.2　房产价格财富效应

根据式（5.22）中的计量模型，通过建立状态空间方程计算了样本地区的资产价格财富效应。状态空间方程的计算结果显著性均通过了显著性检验，九个代表性省份的资产价格财富效应的状态空间方程估计结果见表7.1～表7.5。

表 7.1　　　　　　　　　　江苏和广东的状态空间方程估计

	江苏				广东		
状态变量	最终状态	Z 值	P 值	状态变量	最终状态	Z 值	P 值
α_1	0.001430	39.57519	0.0000	α_1	0.000953	30.85053	0.0000
α_2	-0.074250	-241.25730	0.0000	α_2	-0.037840	-247.55800	0.0000
α_3	0.012140	53.48628	0.0000	α_3	0.061470	146.38690	0.0000
α_4	-0.005670	-20.67049	0.0000	α_4	-0.039880	-75.34130	0.0000
α_5	0.034560	63.96215	0.0000	α_5	0.015528	17.42934	0.0000

表 7.2　　　　　　　　　　山东和湖北的状态空间方程估计

	山东				湖北		
状态变量	最终状态	Z 值	P 值	状态变量	最终状态	Z 值	P 值
α_1	0.004430	106.93170	0.0000	α_1	0.001335	51.99941	0.0000
α_2	-0.036990	-64.81480	0.0000	α_2	-0.053120	-168.24800	0.0000

续表

山东				湖北			
状态变量	最终状态	Z 值	P 值	状态变量	最终状态	Z 值	P 值
α_3	0.003040	12.37748	0.0000	α_3	0.016030	51.82483	0.0000
α_4	0.042583	135.94110	0.0000	α_4	0.017734	42.58475	0.0000
α_5	0.055507	41.08877	0.0000	α_5	-0.086600	-94.18140	0.0000

表7.3　　　　　　　　湖南和陕西的状态空间方程估计

湖南				陕西			
状态变量	最终状态	Z 值	P 值	状态变量	最终状态	Z 值	P 值
α_1	-0.000430	-7.10720	0.0000	α_1	-0.005020	-137.61300	0.0000
α_2	-0.109440	-150.70400	0.0000	α_2	-0.073550	-127.29800	0.0000
α_3	0.014549	33.36948	0.0000	α_3	-0.052650	-171.35100	0.0000
α_4	-0.016810	-30.22790	0.0000	α_4	0.025052	55.35762	0.0000
α_5	-0.109180	-51.88190	0.0000	α_5	0.055321	42.09692	0.0000

表7.4　　　　　　　　四川和云南的状态空间方程估计

四川				云南			
状态变量	最终状态	Z 值	P 值	状态变量	最终状态	Z 值	P 值
α_1	-0.002350	-68.07140	0.0000	α_1	0.001892	49.14287	0.0000
α_2	-0.066500	-115.72800	0.0000	α_2	-0.038480	-85.06770	0.0000
α_3	0.035598	119.61880	0.0000	α_3	-0.035220	-52.73800	0.0000
α_4	0.025666	61.08479	0.0000	α_4	-0.041710	-54.55670	0.0000
α_5	0.135192	120.87430	0.0000	α_5	0.023951	22.60821	0.0000

表 7.5   **新疆的状态空间方程估计**

新疆			
状态变量	最终状态	Z 值	P 值
α_1	0.002824	29.46553	0.0000
α_2	− 0.017700	− 23.91390	0.0000
α_3	− 0.002880	− 9.72572	0.0000
α_4	0.030944	91.94269	0.0000
α_5	− 0.031670	− 38.58690	0.0000

根据估算的状态方程，利用卡尔曼滤波法计算了房产价格财富效应的数值，见图 7.1 ~ 图 7.4。

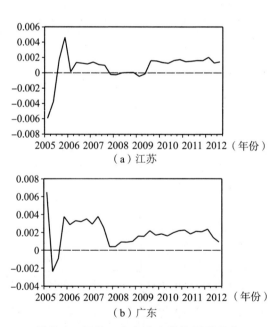

（a）江苏

（b）广东

图 7.1   **江苏、广东房产价格财富效应**

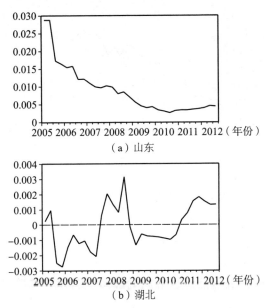

图 7.2 山东、湖北房产价格财富效应

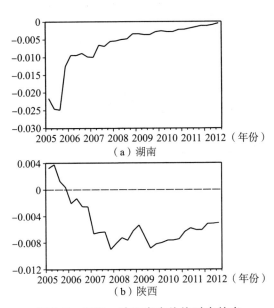

图 7.3 湖南、陕西房产价格财富效应

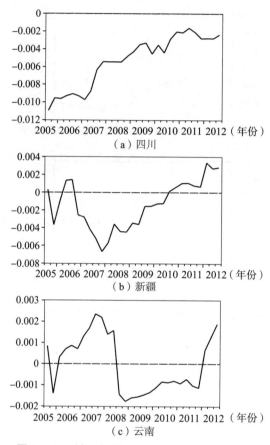

（a）四川

（b）新疆

（c）云南

图 7.4　四川、新疆、云南房产价格财富效应

图 7.1 ~ 图 7.4 给出了九个样本省份的房产价格财富效应变动图，由于卡尔曼滤波方法在计算数据时存在先验概率误差，但由于很快会收敛，所以上图中，略去了误差较大的前两年数据，报告了 2005 ~ 2012 年的计算结果，相关省份的房产价格财富效应均以图形的形式呈现。

7.4.3　股票价格财富效应

九个样本省份的股票价格财富效应见图 7.5 ~ 图 7.8。

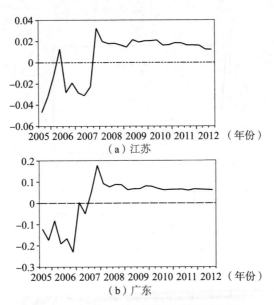

图 7.5 江苏、广东股票价格财富效应

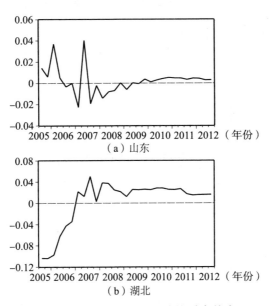

图 7.6 山东、湖北股票价格财富效应

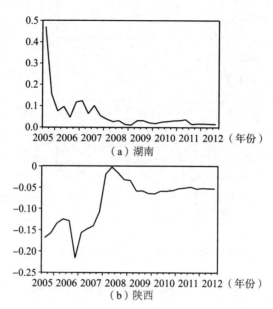

（a）湖南

（b）陕西

图 7.7　湖南、陕西股票价格财富效应

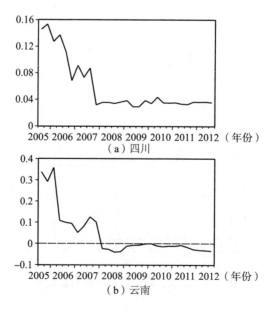

（a）四川

（b）云南

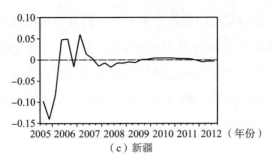

（c）新疆

图7.8 四川、云南、新疆股票价格财富效应

图7.5～图7.8给出了九个样本省份的股票价格财富效应估算图，与前文房产价格财富效应的一样，由于估算误差，省略掉前两年数据，报告了2005～2012年的数据。

7.5 资产价格财富效应的比较

7.5.1 房产价格财富效应比较

从房产价格财富效应的大小来看，图中虚线为数值等于0的线，从2005年后，东部地区的江苏、山东、广东三省的房产价格财富效应大部分位于0数值线以上，而中西部地区的湖南、陕西、四川、新疆的房产价格财富效应则大部分位于0数值线以下，因而上述结论印证了上文的假设，即东部地区的资产价格财富效应当更高，且数值为正的可能性更高。上述研究结论，也印证了上文中提到的张宗成和张蕾（2011）、李成武（2010）、姚树洁和戴颖杰（2012）在计算区域房产财富效应差异性时的研究结论，认为我国区域间存在着显著的财富效应差异性。

从房产价格财富效应的趋势来看，大部分省份的房产价格财富效应数值变动不大，呈现出数值的交错波动特征，而比较特殊的是山东、湖南和四川三个省，山东的房产价格财富效应为正，且呈递减趋势，而湖南和四川的房产价格财富效应为负，且呈现出递增趋势，且逐步趋近于正负转换的临界值。

7.5.2 股票价格财富效应比较

从股票价格财富效应的大小来看，东部地区的江苏、山东、广东以及中部地区的湖北、湖南，西部的四川其股票价格财富效应自2007年后基本上为正，而陕西和西部地区的云南和新疆则为负或者与0数值线缠绕。从东中西部省份的比较来看，大致呈现出东部地区的股票价格财富效应要比西部地区的高的特征，且东部地区最终数值为正而西部地区为负（四川除外），因而从股票价格财富效应的角度，也印证了前文对于资产价格财富效应区域性变化特征的假设。

从数值的变化来看，所有省份的股票价格财富效应在2007年均有一个突变，这与基于全国的数据分析得出的研究结论是一致的。除湖南、四川、陕西和云南以外，其他省份均实现了数值的由负到正的质变，并将这种正向的股票价格财富效应一直保持到2012年，陕西省虽然在2007年股票价格财富效应也迅速提升，但最终没能实现数值的逆转。云南和新疆股票价格财富效应变动方向与其他省份相反，在2007年股票价格财富效应由正转为负。

从房产价格财富效应的趋势来看，除湖南、四川、云南以外，其余省份其股票价格财富效应在2007年递增，而在2007年以后基本趋于平稳。湖南、四川和云南三省的股票价格财富效应则是在2007年之前递增，2007年后基本趋于平稳。

7.5.3 综合分析

综合分析以房产和股票为代表的两种主要资产的价格财富效应，发现从省域角度而言，每个省份的资产价格波动均呈现出独特性，且从数值来看大部分省份存在明显的波动性和正负区制的转换，这也印证了前文对于全国数据的分析。

同时，从区域间资产价格财富效应的变化特征来看，无论是房产价格财富效应还是股票价格财富效应均呈现出东高西低、东正西负的大致变动规律。

7.6 资产价格财富效应影响的比较

由于资产价格财富效应的本质是一种财富的消费倾向，是当消费者观察到外生的资产价值变动后，出于对生命周期内财富的预期变动，进而改变消费的行为，资产价格财富效应的大小和正负，并不能说明资产价格的波动对于居民消费最终的影响方向是什么，因为资产价格在样本期内会正、负波动，居民消费变动中的来源于资产价格财富效应的部分取决于资产的变动方向与资产价格财富效应的变动方向，因而本部分主要分析资产价格通过资产价格财富效应这条路径对样本期居民消费的影响。

7.6.1 整体显著性比较

1. 房产价格财富效应影响显著性

表7.6给出了九个省份房产价格的变动通过房产价格财富效应路

径对于居民消费的影响。

表 7.6 九省房产价格财富效应影响显著性比较

省份	均值	T 值	P 值
江苏	2.3206	1.117	0.273
广东	3.3891	1.169	0.252
山东	12.3139	2.137	0.041
湖北	1.5589	0.706	0.486
湖南	−7.6889	−2.079	0.046
陕西	−5.9361	−1.053	0.301
四川	−9.6783	−1.416	0.167
云南	−1.0986	−0.645	0.524
新疆	−1.3737	−1.222	0.231

注：计算方法为：用计算出的每期房产价格财富效应乘以当期的财富变动中来源于资产价格变动的部分，进而计算出各个时期的消费变动来源于房产价格财富效应路径的数值，之后取 2005 年以后的数据，进行样本的均值显著性检验，得到相关计算指标。

表 7.6 中不考虑显著性，仅仅从房产价格财富效应影响的大小来看，呈现出一个非常有规律的特征，即东部地区的数值为正，而中西部地区的数值为负，即在样本期东部地区的房产价格变化通过房产价格财富效应路径增加了居民消费，而西部地区抑制了居民消费。表中还给出了相应均值的显著性检验指标，发现大部分省份实际上整体上是不显著的，也即大部分省份的房产价格波动通过房产价格财富效应路径对居民消费影响的净后果不是十分显著的。比较特殊的是，山东和湖南两个省，其房产价格一个是显著增加了居民消费，而另一个则是显著降低了居民消费。大部分省份的房产价格财富效应的影响不显

著，这个结果与基于全国数据的计算结果是一致的。

2. 股票价格财富效应影响的显著性

表7.7给出了九个省份股票价格的变动通过股票价格财富效应路径对于居民消费的影响。

表7.7 九省股票价格财富效应影响显著性比较

省份	均值	T 值	P 值
江苏	− 5.7674	− 1.790	0.084
广东	− 9.0908	− 0.899	0.376
山东	0.8882	0.461	0.648
湖北	− 2.2838	0.599	0.554
湖南	2.9852	0.633	0.531
陕西	− 12.1515	− 1.392	0.174
四川	2.3799	0.377	0.709
云南	5.2165	2.004	0.054
新疆	4.2229	1.948	0.061

注：计算方法同表7.6。

从数值上来看，不考虑显著性，东部、中部、西部地区间并没有表7.6中那样呈现出一个有规律性的变动性特征。从显著性水平来看，表中只有三个省份数值是显著的，其中江苏的数值在10%水平下显著为负，而云南和新疆则显著为正。对比前文表6.1中对于全国影响的显著性分析，发现全国的影响为在10%水平下显著为正，但全国的数值只有3.2元，意味着平均而言由于股票价格的变动，季度居民消费会因为感受到股票财富的变动而增加3.2元，数值较小的原因可能就在于部分地区不显著，而部分地区甚至显著为负，从而导致整体上来看，虽然显著为正，但数值较小。

7.6.2 影响对称性比较

资产价格波动通过资产价格财富效应对于居民消费影响的整体显著与否，只是问题的一个方面，即使整体上是不显著的，从过程来看，也有可能在特定的时间段是显著的，通过对过程的分析，可以知道这种不显著性是由于影响本身就不显著，还是由于影响的正反双方力量持平，而表现为整体不显著。

1. 房产价格财富效应影响的对称性

样本期房产价格财富效应影响的对称性见表7.8。

表7.8 房产价格财富效应影响的对称性

省份	正向影响均值	时期数	负向影响绝对均值	时期数	均值差异性检验	方差差异性检验	显著时期比重（%）
江苏	9.37	15	11.60	6	0.661	0.177	68
广东	17.67	13	19.55	6	0.711	0.137	61
山东	34.40	17	23.97	9	0.228	0.232	84
湖北	15.18	8	9.78	8	0.386	0.023	52
湖南	25.79	3	20.75	15	0.563	0.499	48
陕西	28.80	9	34.25	13	0.525	0.914	71
四川	43.94	4	37.00	13	0.746	0.399	55
云南	9.03	7	11.69	8	0.573	0.114	48
新疆	8.87	4	7.27	11	0.590	0.356	48

注：表中以10%显著性为标准，将显著为正的数据取出，将显著为负的数据取出后取绝对值，对两组数据进行均值和方差的差异性进行检验，如果均值大小无显著差异，则意味着正负影响的力度是无显著差异的，影响从均值角度而言是对称的，如果方差大小无显著性差异，则意味着正负变动程度是对称的。

由表7.8可知，从显著性角度而言，九个省份在样本期正负影响的绝对值均没有显著性的差异，意味着从影响的力度角度来看，正负方向上的程度是一样的，而从方差角度分析，除了湖北，其余省份的正负影响的方差也没有显著性差异，意味着大部分省份的正负显著性影响的波动程度基本持平。

表7.8中还给出了显著性影响的时期数，如山东在样本期影响显著为正的时期有15个季度，而显著为负的时期有6个季度，占到了整个样本期的约68%。从显著性时期数的比重来看，最小的为48%，最大的为84%，实际上说明，房产价格的波动在约一半以上的时间内，是会通过资产价格财富效应路径显著影响到居民消费的，之所以从整体上来看，如表7.6中那样大部分省份不显著，原因就在于正负影响的力度是对称的。

2. 股票价格财富效应影响的对称性

股票价格财富效应影响的对称性见表7.9。

表7.9 股票价格财富效应影响的对称性

省份	正向影响均值	时期数	负向影响绝对均值	时期数	均值差异性检验	方差差异性检验	显著时期比重（%）
江苏	13.96	8	21.93	13	0.161	0.174	68
广东	53.25	9	61.30	12	0.631	0.778	68
山东	20.10	4	11.21	5	0.379	0.038	29
湖北	17.22	10	20.07	12	0.702	0.489	71
湖南	32.99	9	25.08	7	0.477	0.946	52
陕西	27.86	10	72.94	9	0.022	0.003	61
四川	41.81	10	29.81	11	0.256	0.036	68
云南	16.05	14	17.98	3	0.834	0.822	55
新疆	16.28	11	7.10	6	0.042	0.063	55

注：计算方法同表7.8。

从绝对值的均值差异性角度而言，发现除陕西、新疆以外，其余省份在 10% 水平下均没有显著性的差异，陕西、新疆在 5% 水平下，均值存在明显差异。从大小来看，陕西负向影响的程度是显著大于正向影响的程度的，而新疆则反之。从方差差异性来看，山东、陕西、四川和新疆的正负影响存在显著性的差异，意味着正负影响的波动性存在明显不同，其余省份则没有显著性的方差差异。

从显著性影响的时期比重来看，除山东外，其余省份的显著性影响比重均超过了 50%，意味着从过程来看，股票价格的波动在样本期的大部分时间内通过财富效应路径显著影响着居民消费。

7.6.3 综合分析

从总体上来看，对代表性省份的分析研究结论与对全国的研究结论是基本相同的，即房产价格财富效应的影响虽然从总体上来看是不显著的，但从过程来看，在样本期的大部分时间内这种影响是显著存在的，只不过由于正负影响没有显著性的差异，才导致整体影响不显著。而股票价格财富效应的省域分析中，个别省份的结论与全国的结论并不相同，样本省份中有 1/3 的省份中影响是显著的，且有的省份显著为正，而有的省份显著为负，而 2/3 的省份是不显著的，但这在一定程度上解释了在对全国的分析中，为什么影响是显著为正，但数值却很小的原因。

7.7　本　章　小　结

本章主要着眼于分析资产价格财富效应的区域差异性，通过分析资产价格财富效应的区域差异性来源，认为地区财富水平、财富结构、信贷市场发育程度、消费者行为等因素的差异性会导致区域间资产价格财富效应的差异，初步提出了假设，认为东部地区资产价格财富效应应当比西部地区要高，且数值为正的可能性应当更大。

通过对省城镇居民房产和股票两种主要资产的财富估算，利用状态空间模型计算了样本期内资产价格财富效应，主要研究结论有：

（1）资产价格财富效应的变化特征。通过对比不同省份的以房产和股票为代表的主要资产的价格财富效应，发现从省域角度而言，每个省份的资产价格波动均呈现出独特性，且从数值来看大部分省份存在明显的波动性和正负区制的转换性，这也印证了前文对于全国数据的分析。同时，从区域间资产价格财富效应的变化特征来看，无论是房产价格财富效应还是股票价格财富效应均呈现出东高西低、东正西负的大致变动规律。

（2）资产价格财富效应影响的特征。通过对代表性省份的资产价格财富效应影响的整体和过程的分析，发现对代表性省份的分析研究结论与对全国的研究结论是基本相同的，即房产价格财富效应的影响虽然从总体上来看是不显著的，但从过程来看，在样本期的大部分时间内这种影响是显著存在的，只不过由于正负影响没有显著性的差异，才导致整体影响不显著。而股票价格财富效应的省域分析中，个别省份的结论与全国的结论并不相同，样本省份中有1/3的省份中影响是显著的，且有的省份显著为正，而有的省份显著为负，而2/3的省份是不显著的，这在一定程度上解释了对全国的分析中，为什么影响显著为正，但数值却很小的原因。

第 *8* 章

资产价格波动的财富效应：
价格波动风险

　　价格的波动导致了不确定性，而不确定性以及由此所导致的风险问题是居民在进行消费时所面临的重要问题，自从意识到不确定性在居民消费决策中的重要作用后，大量研究以此为基础展开。我国改革开放的 40 年中，经济体制的转轨、市场环境的逐步确立、政策体系的不断完善、各种改革措施的不断探索和实施等，使得我国的经济环境呈现出重要的不确定性特征，进而使得资产价格呈现出不确定性特征。当资产价格呈现出不断波动的特征时，价格作为一种信号机制，会导致居民对于未来的状况产生不确定性的风险预期，而这种不确定性风险预期又会影响到居民的消费意愿。本章主要着眼于资产价格的不确定性以及由此所导致的风险问题，分析其对于资产价格财富效应的影响。

8.1 价格风险影响资产价格财富效应的路径

8.1.1 资产价格风险与收入不确定性

1. 资产价格波动会导致收入不确定性

从经济理论基础来看，收入是决定居民消费的首要因素。资产价格的波动，导致居民财富会发生相应的变化，从而影响到居民的财产性收入。居民的可支配收入可以分成工资性收入和财产性收入，从两种收入形式的波动情况来看，财产性收入的波动程度和频率要高于工资性收入，而财产性收入的高低又与居民的财富水平紧密相关，因而资产价格在发生波动时，同时也会导致居民收入的不确定性的加大，且资产配置结构不同的人群，其所面临的收入不确定性程度应该是不同的，持有资产类财富比例比较高的人群，其收入不确定性更大些。

在实际研究中，米勒（Miller，1977）[170]就提出了股票价格波动率与未来回报之间有负相关关系的预测。股票价格的波动性（stock price volatility）在资产定价（asset pricing）研究中一直具有重要的地位，大量的研究表明波动性是影响股票预期回报的一个重要因素（Campbell and Hentsche；Glostene，1993）[171]，而对于未来收入变动的预期会使得居民对于生命周期内的财富变动产生预期，进而会调整自己的消费行为。

2. 收入不确定性影响居民消费

资产价格财富效应的实质在于当居民观察到财富增加或减少后，

会增加或减少居民消费。居民收入不确定性加大后，由于居民消费主要来源于收入与财富存量，根据预防性储蓄理论，收入的不确定使得居民消费中来源于收入的部分会减少，同时对于居民而言，财富的主要来源一方面来自财富自身的不断增值，另一方面也是来自居民收入，因而收入的不确定性也会使得居民对于未来的财富变动产生不确定性预期，这种财富变动的不确定性预期也应当会使得居民的消费行为更加谨慎。

因而可以得到以下资产价格风险通过收入不确定性路径影响资产价格财富效应的路径：

资产价格风险——→财产性收入不确定——→居民消费意愿——→资产价格财富效应

8.1.2 资产价格风险与信贷约束

资产价格的波动，所带来的抵押物价值变动的风险，会影响到居民的抵押物价值。当抵押物价格变动频繁时，出于风险规避的考虑，信贷机构将调低信贷额度，居民将难以以比较高的比例取得信贷支持，而居民消费过程会受到预算的约束，在标准的无风险的永久收入模型中消费者可以在一个完全信贷市场通过借贷来平滑自己的消费路径，从而最大化自己一生的总效用。如果信贷市场是弱有效性的，未来存在的这种资产价格的不确定性，以及存在流动性约束，将导致消费者无法通过借贷来平滑自己的消费路径，那么消费者必然会降低当期的消费水平，提高储蓄水平。实证研究中也支持了这一点，陈晓光和张宇麟（2010）发现我国居民消费波动幅度大于产出波动，认为由于信息不对称和信贷体系发展滞后，我国的居民消费受到明显的流动性约束，从而加大了消费的波动，万广华等（2001）[150]也有类似的结论。

因而可以得到以下资产价格风险通过信贷约束路径影响资产价格财富效应的路径：

资产价格风险——→抵押物价值——→信贷约束——→资产价格财富效应

8.1.3 资产价格风险与消费者的风险偏好

在有效的市场经济中，价格作为一种信号，能够充分反映出居民决策所需要的信息，而当市场不是有效时，价格的频繁波动会给消费者传递一个错误的信号，而行为经济学认为人是有限理性的，这种错误的信号一方面会导致消费者在决策时难以做出准确的消费决定，从而会导致消费者会产生决策风险，进而影响到居民的消费意愿；另一方面，行为经济学还认为偏好不是外生给定的，而是内生于当事人的决策过程中，偏好可能在不同时间段内表现完全相反，出现在时间上的不一致现象，这种不确定条件下的判断和决策，偏离了期望效用理论，导致了市场有效性不再成立。上述两个方面，实际上均认为当资产价格频繁波动时，所传递的信号导致了居民的风险厌恶程度发生变化。很多研究已经关注到了这个问题，如在个人行为不确定性方面的研究方面，继卡尼曼和特沃斯基（1979，1991）的开创性工作后，莱布森（1997）提出的双曲线贴现模型，很好地解释了消费者在跨期消费决策时倾向于近期多消费的行为特征，也有学者利用此模型进行跨国消费行为的比较研究，如叶德珠等（2012）[151]。

因而可以得到资产价格风险通过居民风险偏好影响资产价格财富效应的路径：

资产价格风险——→价格信息失真——→风险厌恶——→资产价格财富效应

8.2 我国资产价格风险的来源

8.2.1 制度因素

改革开放以来的中国社会，是一个经济、社会、文化、体制等大变迁的社会，社会关系在短短 30 多年的时间里发生着重大的变化，在传统的旧制度、旧体系、旧关系被逐步打破的过程中，新的体制逐步确立，在这样一个制度变迁的大环境中，资产市场在不断发生着变革，导致资产价格面临制度性冲击，从而导致了资产价格的不确定性和风险问题，而经济转型期出现的这种特殊的不确定性，很容易使消费者形成相对一致的悲观性预期[172]，进而影响到居民的消费行为。

1. 市场经济制度的不断推进

1992 年，中共十四大正式确立了市场经济制度的地位，标志着我国市场经济制度开始不断推进。陈炎兵 （2009）[173] 认为改革开放以来，从实践层面来看，我国社会主义市场经济体制的形成和发展大致经历了四个重要阶段：首先从冲破了计划经济体制的束缚，初步认识到了市场在资源配置中的作用；其次逐步加大了市场机制在各个领域中的调节力度；再次结束了姓"社"与姓"资"之争，初步建立起社会主义市场经济体制；最后不断开创和进一步发展、完善社会主义市场经济体制。在上述四个阶段不断推进的过程中，中国的市场经济制度在不断完善，但这种不断完善的过程，使得经济建设充满了各种不确定性。

相关研究，如孙凤 （2002）[174] 指出在中国市场化改革中，由于决策者的有限理性和改革的非帕累托性质使得制度充满不确定性，认为有限理性在渐进式改革的决策中，一是体现在改革目标的选择和确定上，不是一开始就明确和定型化，而是弹性和动态的，存在着一个随改革的发展逐步迭代和递进的过程，二是推出的改革措施是一些过渡性制度安排，而不是对正式制度一次性地进行替换，这种过渡性制度安排具有非均衡和不稳定的性质，同时改革的非帕累托性质，使得中国的改革在牺牲部分人利益的基础上，增加了部分人的利益。

2. 资本市场制度改革的不断深入

市场经济体制的逐步引入，无疑提升了我国经济增长的潜力，在引入市场经济体制的过程中，我国的资本市场也在不断发展和完善。但中国资本市场存在的时间较短，同时又是一个不完全市场化的市场，市场的波动和成长不完全是市场的力量，具有相当浓厚的非市场特征（吴晓求，2006）[175]，从而导致了金融资产价格的波动的制度性风险。如刘骏民和伍超明（2004）[176]认为中国股票市场与实体经济出现了明显的背离，虚拟资产收益率和实物资产收益率的差异是上述背离的主要原因，而收益率差异又根源于股市结构和实体经济结构的非对称性，这种非对称性背后的根本原因在于资本市场体制改革的滞后。

8.2.2 经济因素

除了制度性因素以外，资产价格的波动还会受到众多经济因素的影响，这些因素相互叠加，加剧了资产价格波动的风险。众多学者从不同角度分析了资产价格的影响因素。如瞿强（2005）[177]认为资产价格的急剧波动在经济史上反复出现，经常引发金融危机，与信用扩张具有高度的相关性，他认为货币政策是影响资产价格的重要因素。

刘春航和张新 (2007)[178]认为投资者"繁华预期"的作用已对市场流动性变化产生重要影响，并是当前资产价格波动的主要原因。

还有学者主要讨论了房产价格波动的影响因素，如梁云芳和高铁梅 (2006)[179]通过对不同地区不同用途商品房价格变动的比较，认为商业用房和办公用房的价格波动比较稳定，而市场的不稳定主要是由于住宅价格的波动引起的，而资本的可获得性和需求的变化对住宅价格的波动有较强的影响，而供给因素对住宅价格的波动影响较弱。周京奎 (2006)[180]利用 1998～2005 年的数据，分析了我国的资产价格波动状况，认为房产价格的变动将导致股票价格产生波动，进一步研究资产价格波动的原因，发现银行拆借利率和贷款额是重要的波动来源。

有学者从股票价格的角度讨论了股票价格的波动来源，如胡继之和于华 (1999)[181]认为，中国股市与成熟的股市相比价格波动的频率高、波幅大，但是股市价格的变动在一定程度上反映了内在价值的变化，同时资金量也对股市价格的波动存在着重要的影响作用。岳意定和周可峰 (2009)[182]在完整的市场结构数据基础上，研究了市场波动性与机构投资者之间的相互关系，通过设定恰当的波动性度量指标，发现机构投资者持股比率的波动对上证指数波动有显著的影响，是导致上证指数波动最为主要的原因，法人投资者和个人大户投资者持股比率的变动对上证指数的波动几乎没有影响。

8.3 资产价格风险的衡量

资产价格的波动可以从波动的深度、宽度与波动持续性三个角度进行分析，波动的深度与宽度反映了风险状况的几何分布，而波动的持续性则反映了市场风险的时间分布，这三个维度提供了研究资产价格波动性的三个不同视角，因而可以从三个维度衡量资产价格的波动性，进而测度资产价格的风险。对于资产价格风险的衡量，其应用领域主要在于金融资产领域，出于研究需要，本书将该方法扩展到包含房产在内的更为广泛的领域。

8.3.1 波动的连续性

1. 波动连续性的衡量

资产价格波动的持续性主要反映了当前信息对于未来市场的影响，分析了这种影响随着时间的逐步推移而逐步缓慢衰减的程度。如果市场是有效的，则市场状况的改变会很快通过价格调整而实现，因而在有效市场的框架下，资产价格的持续性是不存在的。但在我国不完善的市场中，信息不完全与不对称以及其他种种弊端，导致了资产价格的波动连续性，从而导致了金融风险的不断累积。

在具体衡量波动连续性时，樊智（2003）[183]总结了几种衡量波动持续性的角度，如有学者将方差列的单整性当作波动的持续性，即把单整性与持续性当作等同的概念，还有学者认为只要序列自相关函数随滞后阶数增大而呈双曲率缓慢衰减，就认为序列具有持续性。而段军山和龚志勇（2011）[184]认为 Hurst 指数是科学描述时间序列波动持续性的一个较好的指标，他们采用 R/S 分析法，即重标极差分析法计算了期货资产的波动持续性。

由于 Hurst 指数突破了传统的线性分析范式，使风险的度量更加符合资本市场的实际情况，因而本书采用 Hurst 指数计算资产价格波动的持续性。

2. Hurst 指数计算

Hurst 指数的计算方法如下：

设 e_u 为某一时间序列，M_n 为 n 个期间 e_u 的平均值，S 为该序列的标准差，$X_{t,n}$ 为 n 个时期的累积离差，即：

$$X_{t,n} = \sum_{u=1}^{t} (e_u - M_n)$$

则极差为上式求得的最大值与最小值之差：

$$R = Max(X_{t,n}) - Min(X_{t,n})$$

重标极差为上式的极差除以原来观察值的标准差，这个指标会随着时间而增加，为此，Hurst 建立了以下关系：

$$\frac{R}{S} = (an)^H$$

$\frac{R}{S}$ 即为重标极差，n 为观测次数，a 为常数，H 为 Hurst 指数，现在对未来影响可以用以下的相关性公式表示：

$$C = 2^{(2H-1)} - 1$$

C 为相关性程度，当 H = 0.5 时，C = 0，表示序列是随机的，事件之间不相关，而当 $0 \leqslant H < 0.5$ 时，C < 0，这时，该序列是均值回复的，下一期的走势很可能会是反向的。如果 $0 < H \leqslant 1$ 时，则该序列在下一期很可能会同向变动，表明序列存在一个持久的趋势。

就资产价格波动而言，波动的持续性越强，表明风险的累积越大。段军山和龚志勇（2011）[184] 认为从 Hurst 指数角度而言，高 H 值意味着高风险，一方面，高 H 值意味着更强的持续性，这种持续的上涨或者下跌导致风险的累积性将增大；另一方面，高 H 值的资产价格突然变化的风险更高，意味着市场距离假设的理想状态越来越远。

在实际计算时，本书利用上证指数日数据，通过 R/S 方法计算出了季度股市价格波动的 Hurst 指数，而在计算房价波动的 Hurst 指数时，由于没有房价波动的日数据，只有月度数据，数据量较少，仅凭三个月的月度数据计算季度的 Hurst 指数，难免会产生较大的误差，且居民对于房价的关注不会像对于股市价格那样频繁，因而在计算季度的 Hurst 指数时，利用该季度前一年内的月度数据，即认为居民在判断未来房价走势时，会向前回溯一年，利用一年内的房价走势信息判断未来的房价走势的可持续性。

3. 资产价格波动连续性分析

图 8.1 给出了估算出的房价和股价波动的可持续性指标 Hurst 的走势图。

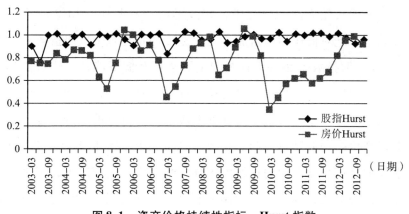

图 8.1　资产价格持续性指标：Hurst 指数

从图 8.1 中可以发现，无论是房价还是股价，其 Hurst 指数绝大部分大于 0.5，根据 Hurst 指数的原理，可以知道当 Hurst 指数大于 0.5 时，认为资产价格的持续性将会不断持续，伴随着资产价格的不断同向变动，所累积的风险将会不断增加。

同时，从 Hurst 指数的波动性来看，股价的 Hurst 指数比较平稳，只有在 2007 年第三季度和 2003 年第二季度有着较为明显的下降，但数值仍然大于 0.5，其他时间 Hurst 指数数值均比较高。而房价 Hurst 指数则波动比较频繁，在 2005 年、2007 年和 2010 年均有一次比较大的波动，数值降到了 0.5 以下，说明在上述三个时期，居民认为房价的增长是不可持续的，房价会预期下跌。

8.3.2 波动的宽度

1. 波动宽度的衡量

关于波动宽度反映了投资者在特定时期所可能经历的最大收益或者最大损失，表明了投资者面临的风险大小，常用极差和标准差来表示。在采用极差方法的研究中，如段军山和易明翔（2012）[185] 把股价波动率的绝对值作为衡量股价变化宽度的指标：|（当期指数 – 上期指数）/上期指数|，因而无论是向上波动还是向下波动，绝对值都为正。在后续的计算过程中，本文用上证指数日数据，计算了季度的股指波动标准差，用股指变动的标准差表示股票价格波动的宽度。但在计算房产价格的波动宽度时，由于无法获取房产价格变动的日数据，只能获取月度数据，因而在季度内样本量非常小的情况下，再采用标准差来作为衡量指标已经不适用，而极差方法适用于这种没有充分利用数据的信息的情况，其计算十分简单，仅适用样本容量较小的情况，因而在计算房产价格波动的宽度时采用了极差方法，具体而言，计算公式为：（季度最高价格 – 季度最低价格）/季度最低价格，因而该指标是一比例数据，其目的在于防止后续计量中可能出现的异方差，计算时所采用的房产价格已经以 2002 年年底的不变价格进行了平减。基于标准差的股价波动宽度计算结果见图 8.2。

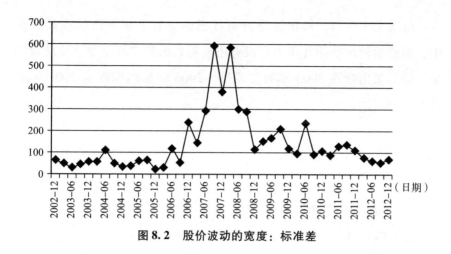

图8.2　股价波动的宽度：标准差

由图8.2可知，在大部分时间，股价波动的标准差变化并不大，只是在从2006~2008年股市的上涨和下跌过程中，出现了波动性显著增大的特征。

2. 波动宽度的分析

房价波动的宽度指标见图8.3。

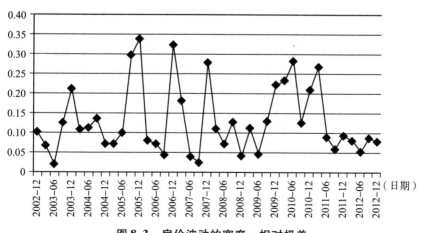

图8.3　房价波动的宽度：相对极差

由图 8.3 可知，房价波动的宽度指标一直处于不断的波动过程中，但波动幅度变化并不大，没有出现明显的趋势性改变，波动宽度最大的年份出现在 2005 年第二季度、2006 年第四季度及 2007 年第四季度等时期。

8.3.3　波动的深度

1. 波动深度的衡量

波动深度往往与最大损失相联系，反映了风险的暴露程度，在具体衡量波动深度时，在险价值（VaR）常用来计算风险的暴露程度，该指标认为在市场正常波动下，在一定置信水平下，某一金融资产或证券组合价值在未来特定时期内的最大可能损失，这种持有期内的置信损失，是一个较为科学的度量指标。在计算 VaR 时，需要确定目标收益率和置信水平，本书将样本期的平均资产价格增长率作为目标收益率，置信水平设为 95%，在 95% 的置信水平下，利用上证指数日数据，通过协方差方法计算出了季度 VaR，而在计算房产 VaR 时，由于只有月度数据，要计算 VaR 时样本量太少，同时房产不像股票资产那样流动性较高，因而用过去一年内数据计算当季的 VaR，准确来讲，计算出的房价 VaR 为在 95% 置信水平下，持有期为一年的房产其最大的风险暴露程度。

2. 波动深度的分析

估算出的两种资产价格的 VaR 见图 8.4。

图 8.4 中，股票价格波动的 VaR 指标数值较小，基本上在 0.05 以下，且从变化趋势上来看，基本上以 2007 年为界，在这之前股价 VaR 是在波动中逐步增加的，而在这之后，基本上是在波动中递减的。房价 VaR 数值较高，且存在周期性的波动，从趋势上来看，并

没有一个明显的趋势，但从波动幅度上来看，似乎有扩大的倾向。

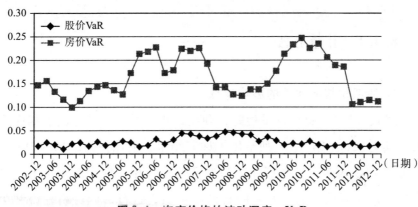

图8.4 资产价格的波动深度：VaR

8.4 资产价格影响的计算

为了定量计算价格风险对居民资产价格财富效应的影响程度，根据研究需要，初步设定以下计量方程：

$$MPC_n = \alpha + \beta_1 Hurst_n + \beta_2 Dev_n + \beta_3 VaR_n + \varepsilon \qquad (8.1)$$

其中，MPC_n 为第 n 期的资产价格财富效应，其数值为第 4 章中计算出的资产价格财富效应值，在实际计量时，资产价格财富效应采用了房产价格财富效应和股票资产价格财富效应。解释变量中包含了被解释变量的一阶滞后项，之所以选择如此，一方面认为 $Hurst_n$ 为解释变量，代表了第 n 期的 Hurst 指数，其前面的系数用来衡量资产价格波动的持续性对于资产价格财富效应的影响，Dev_n 代表了第 n 期的资产价格波动的宽度，采用了价差或者标准差；另一方面 VaR_n 表示第 n 期的在险价值，其前面的系数，用来衡量资产价格波动的深度

165

对于资产价格财富效应的影响。上述计量方程的时间跨度为 2005 年第一季度～2012 年第四季度。

8.4.1 计量方法

1. 股票价格波动性的影响计算

对式（8.1）进行计量检验，利用最小二乘法，计算出了相应系数。其中表 8.1 第（1）列给出了回归结果，但该回归结果的 D－W 值为 0.44，表明残差间存在较为严重的序列相关性，因而对于计量模型进重新调整，加入残差的自回归项后，进行回归分析，得到第（2）列的回归结果，此时 D－W 值为 1.65，此时 $Hurst_n$ 前的系数在 1% 水平下显著为负，其他指标的影响统计不显著。

表 8.1 第（3）列报告了在解释变量中加入了被解释变量的一阶滞后项，之所以选择如此，一方面是因为（1）列中计算结果的严重的序列相关，这种序列相关虽然解释为是因为残差项序列相关，从而建立（2）列中的方程，但更多的是因为可以解释为式 8.1 中的计量方程遗漏了重要的变量，因为根据第 4 章的财富效应计算过程，在基于状态空间方程进行参数计算时，式（5.22）中，当期财富效应是根据上期财富效应计算出的，在式（8.1）解释变量中应当加入被解释变量的一阶滞后项，同时由于居民消费行为的过平滑性，居民的财富消费倾向不会在短时间内发生较大的改变，因为当期的财富效应作为居民当期的财富变动的消费倾向是未来一期财富效应的最好预测。基于上述两个方面的原因，重新对于计量方程进行修正，建立式（8.2）中的计量方程：

$$MPC_n = \alpha + \beta_0 MPC_{n-1} + \beta_1 Hurst_n + \beta_2 Dev_n + \beta_3 VaR_n + \varepsilon$$

$$(8.2)$$

表 8.1　　　　　股票价格的波动性对股票价格财富效应的影响

变量	（1）	（2）	（3）
MPC_{n-1}			0.7118 *** (0.1276)
$Hurst_n$	-0.1964 (0.1632)	-0.2494 *** (0.0866)	-0.3128 *** (0.1152)
Dev_n	0.0001 * (0.0001)	0.0001 (0.0000)	0.0001 (0.0000)
VaR_n	0.3063 (0.8418)	1.0653 (0.6577)	-0.0098 (0.5871)
常数项	0.1441 (0.1653)	0.1836 ** (0.0871)	0.2906 *** (0.1177)
AR（1）		0.7654 *** (0.1270)	
R - squared	0.25	0.67	0.65
D - W	0.44	1.65	1.75

注：括号中为标准差，$***p<0.01$，$**p<0.05$，$*p<0.1$。

表 8.1 第（3）列报告了基于式（8.2）的计量方程计算结果，发现加入被解释变量的一阶滞后项后 DW 值为 1.75，方程的拟合优度基本不变，$Hurst_n$ 前面的系数显著为负，一阶滞后项的系数在 1%水平下显著为正，表明上期财富效应包含了足够的信息可以对当期的财富效应进行预测。

2. 房产价格波动性的影响计算

房价的波动性对于房产价格财富效应的影响见表 8.2。

表 8.2 房价波动性的影响

变量	(1)	(2)	(3)
MPC_{n-1}			0.6132*** (0.0716)
$Hurst_n$	0.0079 (0.0077)	0.0042 (0.0047)	0.0023 (0.0041)
Dev_n	−0.0014 (0.0153)	0.0065 (0.0072)	0.0069 (0.0082)
VaR_n	0.0331 (0.0359)	0.0185 (0.0261)	0.0051 (0.0192)
常数项	−0.0120 (0.0100)	−0.0055 (0.0066)	−0.0029 (0.0054)
AR (1)		0.6219*** (0.0711)	
R – squared	0.05	0.75	0.74
D – W	0.33	3.01	3.03

注：括号中为标准差，*** p < 0.01，** p < 0.05，* p < 0.1。

表 8.2 中，第（1）列为根据式（8.1）中的计量方程计算出的结果，相关解释变量均不显著，DW 值表明存在严重的序列相关，第（2）列报告了加入残差的一阶自回归项后的计算结果，发现相关解释变量仍然不显著，而第（3）列按照式（8.2），将被解释变量的一阶滞后项加入后，进行回归，发现一阶滞后项显著为正，但其余解释变量均不显著。

8.4.2 计算结果分析

1. 股票价格波动的影响分析

根据表 8.1 中的计算结果，发现无论是（2）列还是（3）列中的计算结果均认为股票市场价格的波动持续性对于股票价格财富效应有着显著的负向影响，由于表征股票价格波动连续性的指标 Hurst 指数越高说明波动持续性越强，意味着股票价格的持续同向变动将导致更高的风险，特别是在股价的持续上涨中，会导致居民面临越来越高的风险，因而此时的财富效应会降低，居民此时对于这种财富增长的刺激反应程度会降低。而表中表征股票价格波动的深度和宽度指标均不显著，表明价格波动幅度的变化对于财富效应的大小并没有显著性的改变。

2. 房产价格波动的影响分析

根据表 8.2 中的计算结果，无论是第（2）列还是第（3）列中的计量检验结果，均发现在 10% 水平下，无论是房价波动的深度、宽度和持续性对于居民的房产价格财富效应均没有显著影响，即房产价格的波动性质对于房产价格财富效应没有显著影响。一种可能的解释在于，一方面是因为由于房产财富的流动性较差，以及房产财富交易的不可分割性，房产财富的波动所带来的风险并不是实实在在的风险，在面临风险时，居民并不能像在股市中那样能够感受到实实在在的风险；另一方面，表征持续性影响的系数不显著，即居民认为房价的持续上涨，所带来的风险是较小的，虽然房价过高会有风险，但这种风险还不足以影响到居民的消费意愿。

3. 两种资产影响的对比分析

对比两种资产价格的波动性的影响，发现波动的深度与宽度对于资产价格财富效应均没有显著性的影响，但波动的持续性的影响是不同的。股票价格波动持续性的系数显著为负，而房价波动的持续性系数不显著，说明居民对于这两种资产的价格的持续变动态度是不同的。众所周知，我国近些年房价一直呈现持续上涨趋势，并未出现价格的大幅度波动，而股价虽然长期趋势是上涨的，但以 2007 年为代表却经历了剧烈的波动，且两种财富由于流动性不同，消费者的变现能力是不同的，因而导致了最终消费者对待房价和股价持续上涨的态度是不同的。

简而言之，消费者认为股价的持续变动意味着高风险，因而在股价持续上涨过程中，虽然会导致财富不断增加，但是居民增加消费的意愿是减低的，而房价的持续上涨过程中，居民认为这种持续性不会导致风险，因而这种房产财富的持续增长对于居民的消费意愿没有显著影响。

8.5　本　章　小　结

基于资产价格的波动所导致的不确定性在影响居民消费中的重要作用，本章从资产价格风险的角度，分析了资产价格的波动性变化对资产价格财富效应的影响程度。通过计算表征资产价格波动的宽度、深度和持续性指标，本章从不同角度计算了资产价格的波动特征，并建立计量方程计算了资产价格的波动性对于资产价格财富效应的影响程度。

计量结果表明：

（1）股票价格波动的持续性对于股票价格财富效应有显著负向影响。由于表征股票价格波动连续性的指标 Hurst 指数越高说明波动持续性越强，意味着股票价格的持续同向变动将导致更高的风险，特别是在股价的持续上涨中，会导致居民面临越来越高的风险，因而此时的财富效应会降低，居民此时对于这种财富增长的刺激反应程度会降低。而表征股票价格波动的深度和宽度指标均不显著，表明价格波动幅度的变化对于财富效应的大小并没有显著性的改变。

（2）房产价格的波动性对于房产价格财富效应没有显著影响。不论建立何种计量方程，衡量房产价格波动性的深度、宽度和持续性三个指标对于房产价格财富效应均没有显著性的影响。

（3）居民对于两种资产价格的持续波动反应不一。消费者认为股价的持续变动意味着高风险，因而在股价持续上涨过程中，虽然会导致财富不断增加，但是财富增加所导致的居民增加消费的意愿是降低的，而房价的持续上涨过程中，居民认为这种持续性不会导致风险，因而这种房产财富的持续增长对于居民的消费意愿没有显著影响。

第9章

资产价格波动的财富效应：消费习惯

行为经济学认为居民的消费会在长期中形成相对稳定的消费习惯，而消费习惯的形成使得消费者在效用函数中将前期的消费也纳入进来，不同时期的消费成为一个相互联系的关联过程，那么，消费者在观察到财富变动时，消费的改变不仅仅会影响到当期的效用，还会通过习惯影响到下一期的效用，一个理性的消费者会相对平滑自身的消费，而不会使得消费因为外界因素的作用而发生大的波动，因而消费习惯的存在对资产价格财富效应是有影响的，那么这种影响是什么，正是本章的研究内容。

9.1　消费习惯与资产价格财富效应

9.1.1　消费习惯的形成

居民消费习惯理论认为居民消费是一个动态相关的过程，不同时期间的消费是紧密相关的，居民前期的消费会形成消费习惯存量，在当期消费水平一定的情况下，习惯存量越大，当期效用水平越低。而当期消费水平越大，虽然可以提高当期的效应水平，但却会通过增加习惯存量从而导致下一期的效用水平的降低。实际研究中，杭斌（2009）[186]认为习惯形成（habit formation）是一种特殊的效用理论，其含义是：现期消费产生的效用与过去的消费水平有关，给定现期消费水平，以往消费的数量越多现期消费的效用就越小。熊和平（2005）则将消费习惯定义为由居民过去的消费行为所形成的一系列状态，而这些状态会显著影响到居民的当期消费。

9.1.2 习惯形成的研究

杜森贝里（1949）认为居民消费受到两种效应的影响，分别为棘轮效应和示范效应。示范效应认为居民消费会受到周围人群的消费行为的影响，而棘轮效应认为居民消费会受到自己前期消费的影响，当收入提高时，居民消费会随之增加，但当收入降低时，居民消费会以前期的消费为参考，消费不会伴随收入的降低而发生大的变动。上述棘轮效应的原理实质上是居民的消费习惯的形成，因而杜森贝里最早地将习惯因素纳入到对居民消费行为的研究中。之后，众多学者从消费习惯形成的角度研究居民消费行为。其中，迪顿（Deaton，1987）[187]最早提出了消费的过度平滑性，所谓过度平滑性是指居民消费的波动与收入波动相比较而言，波动率更小，认为居民消费习惯的形成使得居民消费行为相对固定，减少了居民消费的波动。米尔鲍尔（1988）[188]首次将消费习惯的养成引入对于消费的理论模型分析中。之后桑德里森（Sundaresan，1989）和康斯坦丁尼德斯（Constantinides，1990）最早把习惯形成引入了霍尔（1978）的效用函数中，而埃布尔（Abel，1990）则首次导出了同时包含习惯形成和消费外部性的效用函数（杭斌，2010）[189]。

近些年来，国内学者对习惯形成的研究也较多，取得了丰富的研究成果。如杭斌（2009）在缓冲存货模型中引入了消费习惯因素，并利用1992~2005年中国25个省的农村住户调查数据进行了实证分析，表明习惯形成和收入不确定性都是影响中国农户消费行为的重要解释变量，且习惯形成参数越大，边际消费倾向就越低，即习惯形成下的消费行为类似于谨慎导致的消费行为。吕朝凤和黄梅波（2011）[190]将居民消费的习惯形成引入效用函数，采用1979~2008年省级面板数据，研究认为前期消费的习惯形成对当期消费产生有着显著的影响，且不同地区具有明显的差异性特征，消费习惯降低了东部地区居民的当期消费，促进了中西部地区居民的当期消费。贾男和张亮亮（2011）[191]利用"中国营养与健康调查"数据对中国城镇居民消费中的习惯形成效应进行了研究，发现习惯形成可以从一定程度上解释近年来中国城镇居民消费不振及高储蓄的现象，这一效应即使在考虑了城镇家庭的预防性储蓄动机之后仍然是稳健的，并且其对消费的边际影响比预防性动机更为重要，同时他们还发现家庭越富有，习惯形成越强，储蓄倾向越高。

9.1.3 消费习惯与资产价格财富效应

现有研究发现，习惯形成是影响居民消费的重要因素，那么财富因为资产价格而发生变化时，居民消费会感受到这种冲击，但由于居民消费习惯的存在，这种习惯存量应当会平滑消费的变动，使得考虑到居民消费的增长对财富的增长等外生变量的冲击具有惰性（slug-gishness）的特点（王柏杰，2011）[192]，很多学者将习惯形成（habit formation）引入到了宏观经济模型中，如索玛（Sommer，2007）在引入了消费习惯因素后，论证了其在预测消费增长中的作用，此时预期收入的增长以及消费者信心对消费增长的预测不再显著。

因此，鉴于习惯形成在居民消费波动中的地位，在后文的分析中，尝试将习惯因素纳入到居民消费函数中，分析习惯因素的存在对资产价格财富效应的影响机制和影响特征。

9.2　消费习惯对资产价格财富效应的影响：理论视角

9.2.1　扩展模型设定

与前文基准模型中的假设一致，假设代表性消费者的效用函数是加性可分，假设具有资本主义精神的居民持有的资产与储蓄均能在一定程度上为消费者带来效用，消费者对自己的生命周期的预期长度为T，假设存在完美的资本市场，消费者可以比较顺利地进行储蓄和借款，可以以市场价格购买或者出售资产，同时居民持有资产除了能够直接带来效用以外，可以获得一部分投资回报，则消费者生命周期的最优化问题为：

$$\text{maxj} = \sum_{t=0}^{T} \beta^t U(C_t, C_{t-1}, A_t, S_t) \qquad (9.1)$$

$$\text{s. t. } S_{t+1} = r(S_t + Y_t - C_t + \pi P_t A_t - P_t Q_t) \qquad (9.2)$$

$$A_{t+1} = \rho A_t + Q_t \qquad (9.3)$$

其中，模型中参数设定与第 8 章中的相同，不同的是效用函数中引入了上一期的消费 C_{t-1}，用以表示由上期消费所形成的消费习惯，且 $U'(C_t) > 0$，$U'(C_{t-1}) < 0$，即当期消费能够增加当期效应，但上期消费却能够降低本期效用，因而上期消费在增加上期效用的同时，也会对当期效用产生影响。

9.2.2 扩展模型求解

为使得上述扩展模型的最优化问题有显示解，假设消费者的效用函数为对数效用函数，函数形式为：

$$U(C_t, C_{t-1}, A_t, S_t) = a\ln C_t - \theta\ln C_{t-1} + b\ln A_t + c\ln S_t \quad (9.4)$$

构造拉格朗日函数：

$$\Lambda = \sum_{t=0}^{T} \{\beta^t (a\ln C_t - \theta\ln C_{t-1} + b\ln A_t + c\ln S_t) + \beta^{t+1}m_{t+1}$$
$$[r(S_t + Y_t - C_t + \pi P_t A_t - P_t Q_t) - S_{t+1}]$$
$$+ \beta^{t+1}n_{t+1}(\rho A_t + Q_t - A_{t+1})\}$$

该最优化问题的控制变量为 C_t 和 Q_t，即消费者决定每期的消费量和资产购买量，进而实现自身的效用最大化。m_t 和 n_t 为动态拉格朗日乘子，于是该最优化问题的一阶条件为：

$$\frac{\partial\Lambda}{\partial C_t} = \beta^t \frac{a}{C_t} - \beta^{t+1}\frac{\theta}{C_t} - \beta^{t+1}m_{t+1}r = 0 \quad (9.5)$$

$$\frac{\partial\Lambda}{\partial A_t} = \beta^t \frac{b}{A_t} + \beta^{t+1}m_{t+1}r\pi P_t + \beta^{t+1}n_{t+1}\rho - \beta^t n_t = 0 \quad (9.6)$$

$$\frac{\partial\Lambda}{\partial S_t} = \beta^t \frac{c}{S_t} + \beta^{t+1}m_{t+1}r - \beta^t m_t = 0 \quad (9.7)$$

$$\frac{\partial\Lambda}{\partial Q_t} = -\beta^{t+1}m_{t+1}rP_t + \beta^{t+1}n_{t+1} = 0 \quad (9.8)$$

进一步简化整理得到：

$$\frac{a - \beta\theta}{C_t} = \beta m_{t+1} r \qquad (9.9)$$

$$\frac{b}{A_t} + \beta m_{t+1} r\pi P_t + \beta n_{t+1}\rho - n_t = 0 \qquad (9.10)$$

$$\frac{c}{S_t} + \beta m_{t+1} r - m_t = 0 \qquad (9.11)$$

$$n_{t+1} = m_{t+1} r P_t \qquad (9.12)$$

将式（9.9）、式（9.11）以及式（9.12）代入式（9.10），消去 m、n 后得：

$$\frac{b}{A_t} + \frac{(a - \beta\theta)\pi P_t}{C_t} + \frac{(a - \beta\theta)\rho P_t}{C_t} - rP_{t-1}\left(\frac{a - \beta\theta}{C_t} + \frac{c}{S_t}\right) = 0$$

最后得到：

$$C_t = \frac{(a - \beta\theta)\left[(\pi + \rho)P_t - rP_{t-1}\right]S_t A_t}{crP_{t-1}A_t - bS_t} \qquad (9.13)$$

9.2.3 扩展模型结论

（1）资产价格的波动对居民消费的影响。

在引入习惯形成后，当资产价格波动时，为了分析消费的变动，由式（9.13），t 期的居民消费 C_t 对资产价格 P_t 求偏导，可得：

$$\frac{\partial C_t}{\partial P_t} = \frac{(a - \beta\theta)(\pi + \rho)}{crP_{t-1}A_t - bS_t}S_t A_t \qquad (9.14)$$

可知，与没有习惯形成的时候一样，当 t 期资产价格发生变动以后，居民消费也会发生相应的变化，但这种变化会受到 t 期居民所持有的资产数量 A_t 和储蓄量 S_t 的影响，如果居民在不同时期持有不同的资产数量和储蓄量，即使资产价格的波动是相同的，其对于居民消费的影响也是不同的，随着居民持有的资产数量和储蓄量的不断增长，同样的资产价格波动对于居民消费的影响将会不断变化，因而在考虑资产价格波动的财富效应时必须考虑居民持有的财富数量。

不同的是，引入习惯形成因素后，式（9.14）与式（5.19）相比较而言，分子中多了一个参数"−βθ"，如果βθ为正，则意味着消费习惯的存在会使得居民消费对资产价格的波动的反应变小。

（2）习惯形成视角下的资产价格财富效应。

引入消费习惯后，资产价格波动导致的资产价格财富效应MPC为：

$$\text{MPC} = \frac{\partial C_t}{\partial W_t} = \frac{(a - \beta\theta)(\pi + \rho)}{crP_{t-1}A_t - bS_t}S_t \tag{9.15}$$

与基准模型结论式（5.20）中的资产价格财富效应相比较，我们发现引入消费习惯后的资产价格财富效应发生了变化，系数 −βθ 的存在使得消费习惯对于资产价格财富效应有一个负向的影响。由于 β 与 θ 均为大于0小于1的数字，因此 βθ 也是大于0小于1的数字，因此消费习惯的存在会导致资产价格财富效应有一个负向的偏移。除此以外，由于 t 期居民所持有的资产数量 A_t 和储蓄量 S_t 的不断变动以及上期价格 P_{t-1} 的影响，资产价格财富效应不太可能会是一个固定的参数值，会随着上述几个变量的变化而变化。

9.3 消费习惯计算

根据前文的研究结论，习惯形成的存在应当会对财富影响产生负向的影响，使得居民消费表现得更为平滑，下文开始着手利用实际数据验证该理论假设。

9.3.1 消费习惯计算方法

根据习惯形成理论，一个最简单的包含消费习惯的效用函数为：

$$U(C_t, H_t) = U(C_t - H_t)$$

其中，

$$H_t = \alpha C_{t-1}$$

上式中 C_t 为消费者在 t 期的居民消费，H_t 为由上一期消费量所形成的习惯存量，可见，上期的消费在增加上期效用的同时，也会通过形成新的习惯量减少下一期的效用。

研究中，由米尔鲍尔（1988）最早将消费习惯引入到了消费函数中，建立了以下经典的简单消费习惯模型效用函数，令效用函数为具体的 CRRA 形式：

$$u(C_t, C_{t-1}) = \frac{(C_t - \chi C_{t-1})^{(1-\rho)}}{1-\rho} \tag{9.16}$$

其中，C_t 为在 t 期的居民消费；如果参数 ρ 等于 1，则上述模型则变为对数效用模型。χ 为习惯参数，代表了习惯的重要性，如果 $\chi = 0$，则代表上期消费对当期消费没有影响，如果 $\chi = 1$ 则效用仅取决于当期消费的增量。

戴南（2000）计算了上述模型的欧拉方程，认为可以近似表示为：

$$\Delta \ln C_{t+1} = \alpha + \chi \Delta \ln C_t + \varepsilon_{t+1} \tag{9.17}$$

因而习惯参数 χ 可以通过对消费的时间序列进行估算而得到。

9.3.2　状态方程

为了得到居民消费习惯的变参数估计结果，本章仍然采用建立状态空间方程的方法，对习惯参数进行计算，建立如下状态空间的计量方程：

量测方程：

$$\Delta C_t = \alpha_0 + \alpha_1 \Delta C_{t-1} \qquad (9.18)$$

状态方程：

$$\alpha_1 = \alpha_1(-1) + \varepsilon_1$$

利用 Eviews7 对上述状态空间方程进行计算，并利用卡尔曼滤波对习惯参数进行估计，得到居民消费习惯的变参数估计结果，见表 9.1。

表 9.1　　　　　　　　　居民消费习惯的动态值

时间	消费习惯	时间	消费习惯	时间	消费习惯
2004Q1	0.1576767	2007Q1	0.567241	2010Q1	0.152618
2004Q2	0.1625420	2007Q2	0.110573	2010Q2	0.155788
2004Q3	0.1999475	2007Q3	-0.039360	2010Q3	0.157510
2004Q4	0.2652166	2007Q4	0.011342	2010Q4	0.163843
2005Q1	0.3099754	2008Q1	0.018388	2011Q1	0.171083
2005Q2	0.4213216	2008Q2	0.026391	2011Q2	0.175823
2005Q3	0.4050944	2008Q3	0.048989	2011Q3	0.191282
2005Q4	0.4135128	2008Q4	0.087193	2011Q4	0.206490
2006Q1	0.4397896	2009Q1	0.104569	2012Q1	0.214298
2006Q2	0.4212034	2009Q2	0.121973	2012Q2	0.223754
2006Q3	0.4363481	2009Q3	0.138528	2012Q3	0.222947
2006Q4	0.4490887	2009Q4	0.143329	2012Q4	0.222947

表 9.1 中，居民季度消费的习惯参数在 2007 年第一季度前一直递增，而从 2007 年第三季度开始，习惯参数发生了较大的变化，习惯参数迅速下降，之后开始逐步回升，截至 2012 年年底，仍然没有

恢复到下降前的水平。图9.1直观地给出了居民消费习惯参数的变动趋势。

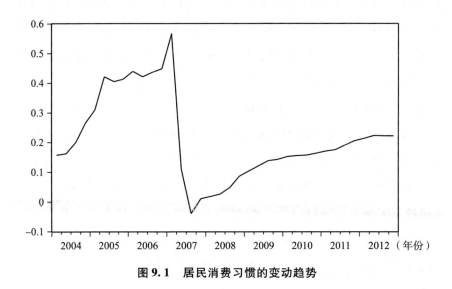

图 9.1　居民消费习惯的变动趋势

9.4　消费习惯对资产价格财富效应的影响：实证检验

9.4.1　计量模型

根据式9.14的推论，系数 $-\beta\theta$ 的存在使得消费习惯对于资产价格财富效应当有一个负向的影响，因此，为了定量计算习惯参数对资产价格财富效应的影响程度，建立以下计量模型：

$$\text{MPC}_t = \alpha + \beta\text{HAB}_t + \varepsilon \tag{9.19}$$

181

其中，MPC_t 为 t 期的资产价格财富效应，HAB_t 为 t 期的习惯参数。

由于模型中 MPC_t 和 HAB_t 均为根据卡尔曼滤波法计算出的参数估计值，与相应参数的实际值之间会存在计量误差，同时，根据计算方法，HAB_t 和 MPC_t 之间也会存在内生性问题，根据索玛（2007）[193]的分析，如果采用最小二乘法对习惯参数进行估计将会低估参数值，他认为解决的办法是采用工具变量法进行参数估计。工具变量法参数估计值，对工具变量的选择非常敏感，选择合适的工具变量非常重要，工具变量必须满足两个基本条件：一是正交性，工具变量必须与模型中的扰动项正交；二是相关性，工具变量必须与内生解释变量高度相关，否则会出现弱工具变量问题，导致估计量的不一致（胡毅、王美今，2011）[194]。考虑到上述两个方面的要求，我们选取了滞后一期的习惯参数作为工具变量，认为滞后一期的习惯存量显然会影响到习惯的现值，与内生解释变量高度相关。

由于工具变量的有效性对于计算结果至关重要，需要进行相关的检验。其中，检验弱工具变量的 Cragg – Donald Wald F 统计量表明不存在弱工具变量问题，即工具变量和被工具变量间存在较强的相关性。基于 Stata11.0，表 9.2 给出了针对房产和股票的计算结果。

表 9.2　　　　　　　消费习惯对资产价格财富效应的影响

变量	（1）房产价格财富效应	（2）股票价格财富效应
消费习惯	-0.027 *** (0.01)	-0.14 *** (0.04)
常数项	0.005 ** (0.002)	0.01 (0.01)
R – squared	0.289	0.336

注：括号中为标准差，*** p < 0.01，** p < 0.05。

9.4.2 计量结果分析

表9.2第（1）列给出了消费习惯对房产价格财富效应的影响计算结果，表中，消费习惯的参数估计值为 −0.027，且结果在1%水平下显著为负，表明消费习惯的加强会降低房价波动对居民消费的影响，使得居民消费更为平滑。

表9.2第（2）列给出了消费习惯对股票价格财富效应的影响计算结果，表中，消费习惯的参数估计值为 −0.14，且结果在1%水平下显著为负，表明消费习惯的加强同样会降低股票价格波动对居民消费的影响，也使得居民消费更为平滑。

从数值上来看，消费习惯对股票和房产价格波动的财富效应的影响是不同的，对前者的影响是后者的近5倍，即消费习惯的存在会对股票价格的波动所导致的消费波动有着更强的平滑作用。

9.5 本章小结

本章通过在第5章基准模型中引入消费习惯，对基准模型进行了修改，分析了消费习惯的存在对资产价格波动的财富效应的影响，主要研究结论有：

（1）从理论上来看，消费习惯的存在会使得资产价格财富效应变小。与基准模型中的资产价格财富效应相比较起来，发现引入消费习惯后的资产价格财富效应发生了变化，消费习惯对于资产价格财富效应有一个负向的影响。除此以外，资产价格财富效应仍呈现出动态特征以及区制性特征。

（2）计量结果验证了理论研究的结论。通过建立习惯形成模型，首先对居民消费习惯进行了估计，在此基础上基于工具变量法，对消费习惯对于资产价格财富效应的影响进行了计量检验，发现：对房产价格财富效应而言，消费习惯每增加1个单位，会导致房产价格财富效应变动 -0.027 个单位，且结果在1%水平下显著，表明消费习惯的加强会降低房价波动对居民消费的影响，使得居民消费更为平滑；同时，对股票价格财富效应而言，消费习惯每增加1个单位，则股票价格波动的财富效应变动 -0.14 个单位，且结果在1%水平下显著，表明消费习惯的加强同样会降低股票价格波动对居民消费的影响，也使得居民消费更为平滑。

从数值上来看，消费习惯对股票和房产价格波动的财富效应的影响是不同的，对前者的影响是后者的近5倍，即消费习惯的存在会对股票价格的波动所导致的消费波动有着更强的平滑作用。

第 *10* 章

基本结论、政策建议与今后的研究方向

10.1 基 本 结 论

在现有研究基础上，本书根据我国居民财富的现状和典型事实，计算了我国城镇居民的房产财富和股票财富，通过建立基准理论模型，从理论上论证了资产价格波动的财富效应存在不同的正负区制，进而建立经济计量模型计算了我国城镇居民的资产价格财富效应，之后，基于财富效应的计算，分析了资产价格波动的财富效应在我国居民消费变动中的作用与区域性特征，最后从价格波动的风险与消费习惯形成角度分析了资产价格财富效应的影响因素。相关研究结论有：

10.1.1 我国居民财富的现状、特征与估算

（1）改革开放 40 年来，我国居民的金融资产在不断增长的同

时，资产结构也在不断调整，以股票为代表的风险性金融资产在居民资产构成中比例不断提升，现金持有比例不断降低，居民储蓄比例大致保持不变。房产为居民持有最重要的固定资产，从 1998 年房产货币化改革后，居民自有房产率不断提升，人均建筑面积不断增加，在房产价格不断上涨的过程中，房产财富逐步成为居民最重要的固定资产。

（2）我国资产价格的波动具有典型的政策特征，我国的房地产市场和股票市场并不是成熟的市场，国家相关政策的出台在房价和股价的波动中的作用举足轻重，因而国家政策的调整也直接影响到居民财富的变动。

（3）在现有的财富估算方法的基础上，对 1998～2012 年以来我国城镇居民的人均房产财富和股票财富的季度数据进行了估计，按照可比价格，2012 年年底人均房产财富是 1998 年年初的 3.9 倍，而 2012 年年底人均股票财富是 1998 年年初的 10 倍，股票财富的增长速度更为惊人。

（4）在居民财富增长过程中，居民的资产配置比例是不断变化的，就城镇居民的房产财富和股票财富价值的比例而言，比例最高的季度出现在 2005 年的第三、第四季度，达到了将近 60 倍，最低比例出现在 2007 年第四季度，约为 9 倍，且从整体来看，该比例是在不断波动的，但波动幅度逐步降低。

10.1.2 资产价格财富效应的计算与作用

1. 资产价格财富效应的理论推导结论

通过建立理论模型，将资产价格财富效应的区制转换和动态性问题纳入基准理论模型，发现资产价格的财富效应是动态变化的，由于在不同时期，居民所持有的资产数量以及储蓄量不同，资产价格的波动所导致的财富效应在不同时期也有所不同。同时，资产价格波动的财富效应存在两个区制，居民的资产与储蓄量之比存在一个临界值，当小于临界值时财富效应为负，反之则为正，伴随着一国居民财富的不断积累，居民的风险性资产持有量不断增长后，在达到某个临界值之前，资产价格财富效应应当为负，而当财富数量超过某个临界值，或者资产价格迅速提高到某个临界值后，资产价格财富效应将由负转正。

2. 财富效应的实证检验

通过建立状态空间方程和卡尔曼滤波方法，计算出了样本区间的房产价格波动的财富效应和股票价格波动的财富效应，认为：房产价格的变动所导致的财富效应数值在不断波动，大致的波动区间为 $-0.007 \sim 0.005$，且从数值上来看，2007 年第三季度前财富效应为负，而之后财富效应开始为正。房产价格波动的财富效应明显存在正负两个区制，区制转换的时间节点即为 2007 年第四季度。股票价格波动的财富效应的变化相对于房产财富效应呈现出显著不同的特征。从数值上来看，股票价格波动的财富效应较大，表明股价的波动相对于房价波动而言对居民消费的影响更大。从趋势上来看从 2005 年开始，股票价格财富效应不断提升，在 2007 年迅速下降，至 2008 年后一直趋于平稳。从区制上来看，股市财富效应在除 2007 年的大多数年份一直为负，而在 2007 年则为正。

3. 财富效应的地位

在分析居民消费变动影响因素的基础上，从资产价格变动的财富效应角度分析了资产价格的波动对居民消费变动的影响，发现：

从显著性角度而言，在 10% 水平下，房产价格财富效应能够显著增加居民消费的季度为 12 个，而能够显著降低居民消费的季度有

11 个，在样本期的 32 个季度中，房产价格的财富效应能明显影响居民消费的季度占到了 70% 多。股票财富效应的存在能够显著影响居民的季度有 19 个，其中，能够显著增加居民消费的季度有 11 个，而显著降低居民消费的季度有 8 个。在样本期的 32 个季度内，股票价格的财富效应显著影响居民消费的比例占到了 50% 多。但从整体来看，房产价格的财富效应对居民消费的影响在样本期不显著，但股票价格的财富效应却能够显著增加居民消费。

长期来看，两种资产价格的波动所导致的财富效应存在稳定关系。通过建立协整方程，发现两种资产价格的财富效应间长期来看存在正向的关系，且二者间存在双向格兰杰因果关系，在股票价格的财富效应提高 1 个单位的同时，房产价格的财富效应只提高约 0.1 个单位，股票财富效应的变动在长期来看是房产财富效应变动的约 10 倍。

10.1.3　财富效应的对称性特征

本书研究发现，房产价格财富效应对居民消费的影响对称，股票价格财富效应影响不对称：

房产价格波动中，基于房产价格的波动所产生的财富效应对居民消费的正负影响，分成正负两组数据，取绝对值后，发现无论从方差来看，还是从均值大小来看，均不存在显著性的差异，即认为我国房产价格财富效应是对称的。

股票价格财富效应对居民消费的正负影响中，两组数据间存在较为显著的方差和均值差异性，认为股票价格波动的财富效应的影响存在较为显著的非对称性，且正向影响无论其大小和波动性均大于负向的影响。

10.1.4　资产价格财富效应的特征和影响因素

从区域差异、价格波动性和消费习惯的形成三个角度分析了资产价格波动的财富效应的特征和影响因素。

1. 区域因素

资产价格财富效应的变化特征：

通过对比不同省份的以房产和股票为代表的主要资产的价格财富效应，发现从省域角度而言，每个省份的资产价格波动均呈现出独特性，且从数值来看大部分省份存在明显的波动性和正负区制的转换型，这也印证了前文对于全国数据的分析。

同时，从区域间资产价格财富效应的变化特征来看，无论是房产价格财富效应还是股票价格财富效应均呈现出东高西低、东正西负的大致变动规律。

资产价格财富效应影响的特征：

通过对代表性省份的资产价格财富效应的影响的整体和过程的分析，发现对于代表性省份的分析研究结论与对全国的研究结论是基本相同的，即房产价格财富效应的影响虽然从总体上来看是不显著的，但从过程来看，在样本期的大部分时间内这种影响是显著存在的，只不过由于正负影响没有显著性的差异，才导致整体影响不显著。而股票价格财富效应的省域分析中，个别省份的结论与全国的结论并不相同，样本省份中有 1/3 的省份中影响是显著的，且有的省份显著为正，而有的省份显著为负，而 2/3 的省份是不显著的，这在一定程度上解释了对全国的分析中，为什么影响是显著为正，但数值却很小的原因。

2. 价格波动特征

对比两种资产价格的波动性的影响，发现波动的深度与宽度对两种资产的价格财富效应均没有显著性的影响，但波动的持续性的影响是不同的。股票价格波动持续性的系数显著为负，而房价波动的持续性系数不显著，说明居民对于这两种资产的价格的持续变动态度是不同的。

简而言之，消费者认为股价的持续变动意味着高风险，因而在股价持续上涨过程中，虽然会导致财富不断增加，但是居民增加消费的意愿是减低的，而房价的持续上涨过程中，居民认为这种持续性不会导致风险，因而这种房产财富的持续增长对于居民的消费意愿没有显著影响。

3. 消费习惯

通过对基准模型的修改，发现从理论上来看，消费习惯的存在会使得资产价格财富效应变小，与基准模型中的财富效应相比较起来，引入消费习惯后的财富效应发生了变化，消费习惯对于资产价格财富效应有一个负向的影响。除此以外，资产价格财富效应仍呈现出动态特征以及区制性特征。

同时通过建立计量方程发现，对房产财富效应而言，消费习惯每增加 1 个单位，会导致房产财富效应变动 − 0.0293 个单位，且结果在 1% 水平下显著，表明消费习惯的加强会降低房价波动对居民消费的影响，使得居民消费更为平滑；同时，对股票财富效应而言，消费习惯每增加 1 个单位，则股票价格波动的财富效应变动 − 0.289，且结果在 1% 水平下显著，表明消费习惯的加强同样会降低股票价格波动对居民消费的影响，也使得居民消费更为平滑。

从数值上来看，消费习惯对股票和房产价格波动的财富效应的影响是不同的，对前者的影响是后者的近 10 倍，即消费习惯的存在会对股票价格的波动所导致的消费波动有着更强的平滑作用。

10.2 政 策 建 议

10.2.1 高度重视居民财富的积累

从整体上看，我国已经步入中等收入国家，特别是对于城镇居民而言，伴随着经济的不断增长，居民财富不断积累的同时，居民持有的风险性金融资产以及投资性房产不断增加后，居民资产的价值量随着资产价格而发生波动时，此时财富变动对居民消费的影响将日趋重要。我国提出了收入分配改革，增加财产性收入是改革的重要内容，而当资产价格波动时，资产类财富的增值或者缩水，一方面会导致居民的财产性投资或者投机收益的变化；另一方面资产额的变动也会直接导致居民财产性收入的变动，上述两个方面使得我国在制定经济政策时，必须具有前瞻性，必须考虑财富量的不断积累对我国宏观经济政策制定的影响。

10.2.2 高度重视资产价格的波动对居民消费的影响

伴随着居民财富的不断积累，同样幅度的资产价格的波动对于经济的影响将会不同，根据前文中的分析，我国资产价格财富效应对城镇居民消费的影响在样本期间内是在不断波动的，呈现出增加消费和减少消费不断交替的特征，虽然在样本期房产价格的波动整体上对居民消费没有显著性影响，但其却会加剧居民消费的波动，而股票价格

191

的波动整体上增加了消费，但从协整分析来看，二者在对我国居民消费变动中的作用是一致的，即长期来看会同方向增加或减少消费。由于资产价格的波动与国家的财政政策、货币政策紧密相关，必须重视宏观经济政策通过资产价格波动进而影响消费这一传导路径，根据经济状况，判断该路径在消费变动中的方向，使得政策制定更加合理化。

10.2.3　高度重视居民的资产配置结构

根据理论分析和实证检验，财富效应存在不同的区制，资产价格的财富效应是增加消费还是会减少消费取决于居民的资产配置结构，在资产储蓄比较低时，资产价格的上涨会减少消费，而当资产储蓄比超过临界值时，会增加消费。由于通过温和的通货膨胀刺激经济是一项重要的经济政策，且我国的经济实践中，多数年份的资产价格是在不断上涨的，因而如果在资产价格不断上涨的过程中，要通过财富效应这一路径达到刺激居民消费的目的，则需要引导居民的资产配置结构，提高资产储蓄比。而我国居民财富在不断积累过程中，资产配置结构是在不断变化的，影响居民资产配置结构的因素众多，诸如完善的信贷市场、支付结算体系、信用体系等均会影响到资产配置结构，因而在引导居民资产配置结构调整中，要做好配套体系的改革和建设。

10.2.4　注重居民消费习惯的形成

居民消费习惯的养成，会使得居民消费过程更为平滑，根据前文的研究，消费习惯的存在会降低资产价格波动的财富效应，而资产价格作为宏观经济政策和资产市场供求关系的体现，是在不断波动的，特别是当经济过热或者衰退时，资产价格会发生较大幅度的上升或者下降，如果今后伴随着居民财富的不断增加，居民持有的资产类财富比例较高的话，资产价格的波动实际上会伴随着经济周期同向刺激或者抑制消费，因而会加剧经济的过热或者衰退，此时，消费习惯的存在实际上充当了经济的自动稳定器角色，会自动熨平由于资产价格的暴涨暴跌带来的大的消费波动。

10.2.5　处理好价格波动风险的影响

由于价格波动会产生风险，特别是价格的持续变动中，居民对于股票和房产价格的持续变动态度是不同的，居民能够对股票价格的持续变动风险做出相对理性的应对，但还没有意识到房价持续上涨的风险。因而，有必要强化对房地产市场价格波动风险的防范，使得居民能够充分认识房产价格波动所可能带来的风险。同时，由于房产价格的持续上涨对居民房产价格财富效应没有显著影响，意味着房价的上涨能够持续地促进居民消费，因而结合上述风险防范，在国家的宏观经济制定时，要处理好房价上涨与风险的关系，防止房价的过快上涨。

10.2.6　注重不同资产的财富效应差异

前文研究发现，单位股票市场价格波动的影响远大于单位房产价格波动的影响，在居民的资产构成中，房产与股票比重如果不同，那么面临相同的外部价格冲击，不同居民的反应是不一样的。同时，宏观经济政策通过股市的传导和通过房市的传导所导致的消费变动也是不同的，这就需要在充分研究房市与股市价格联动机制的基础上，分析宏观经济政策在不同路径间传导的异同。同时，根据房市与股市传导机制的独特性特征，也可以实施差异化的、有针对性的宏观政策。

10.2.7　注重区域异质性

资产价格财富效应呈现出一定的区域异质性特征，但从区域间的比较可以看出，基本上呈现出东高西低、东正西负的变动规律，因而伴随着中西部地区居民收入水平的不断提升，居民财富的不断积累，居民资产结构的不断优化，可以想象中西部地区的资产价格财富效应将逐步转正并逐步提升，对于这一变动规律的掌握有助于政策制定者评估宏观经济政策的后果，并有针对性地采取区域性的宏观经济政策。

10.3　今后可能的研究方向

10.3.1　财富效应的差异性来源

本书在研究过程中，在进行理论分析时并没有区分房产与股票两种不同资产的特征，因而理论研究的结论是一般化的研究结论，但实证研究发现两种资产价格的波动所导致的消费变动是不同的，股票市场的影响程度更大些，那么是什么原因导致了上述不同，这种差异性的来源是什么，与信贷市场特征、股市与房市的独特性特征、消费者心理与行为特征等是什么关系还需要深入进行研究。

10.3.2 财富效应区制转换的临界值

本书在研究过程中，理论模型分析结果和实证研究结论均发现财富效应存在方向相反的两个区制，这个区制转换的临界值与居民的资产储蓄比有关，在临界值前后财富效应的方向发生逆转，但理论模型中，当处于临界值时财富效应会是多少，需要进行深入研究。同时，伴随着居民财富的不断增长，财富效应的区制转换的临界值会发生什么样的变化，也需要进行深入研究。

10.3.3 居民的资产选择行为与财富效应

消费资本资产定价模型认为居民的资产选择行为、居民消费、资产定价间存在内在关联，而本书的研究中，实际上暗含了资产价格的波动以及居民的资产选择是外生变量，不会受到居民消费的影响，即本书的研究是一个短期研究，在这个短期中，假设财富只存在资产价格、资产配置行为到居民消费的单向因果关系。那么，从更长的时间视角，当存在双向因果关系时，财富效应是多少，需要继续深入研究。

10.3.4 效用函数与财富效应

在本书的研究中，为了得到较为简单的显示解，采用了较为简单的对数效用函数，如果效用函数发生变化，消费者的风险规避程度、不确定性的引入、消费者预期的理性程度等发生变化后，理论研究的结论会发生什么样的变化需要继续深入研究。

10.3.5　收入结构与财富效应

不同收入层次的居民其持有的资产标的物是不同的，在资产价格的波动中所感受到的冲击是不同的，当资产价格波动时，不同收入层次群体间实际上会发生财富的再分配，如何去构建一个包含高低收入者的财富效应模型是一个重要的理论课题，同时由于相关数据的缺失，想通过宏观调查数据对该问题进行分析在中国目前来看是很困难的，国外一般采用连续的微观家庭调查数据进行相关的研究。因而伴随着今后数据的不断完善，以及理论研究的不断深入，该问题的研究应当会有所突破。

参 考 文 献

[1] 赵坚毅，徐丽艳，戴李元．中国的消费率持续下降的原因与影响分析 [J]．经济学家，2011（9）：13 – 19.

[2] 王秋石，王一新．中国居民消费率真的这么低么——中国真实居民消费率研究与估算 [J]．经济学家，2013（8）：39 – 48.

[3] 胡永刚，郭长林．财政政策规则、预期与居民消费——基于经济波动的视角 [J]．经济研究，2013（3）：96 – 107.

[4] 沈坤荣，刘东皇．是何因素制约着中国居民消费 [J]．经济学家，2012（1）：5 – 14.

[5] 万勇．城市化驱动居民消费需求的机制与实证——基于效应分解视角的中国省级区域数据研究 [J]．财经研究，2012（6）：124 – 133.

[6] 雷潇雨，龚六堂．城镇化对于居民消费率的影响：理论模型与实证分析 [J]．经济研究，2014（6）：44 – 57.

[7] 毛中根，洪涛．中国服务业发展与城镇居民消费关系的实证分析 [J]．财贸经济，2012（12）：125 – 133.

[8] 刘湖，张家平．互联网对农村居民消费结构的影响与区域差异 [J]．财经科学，2016（4）：80 – 88.

[9] 崔海燕．互联网金融对中国居民消费的影响研究 [J]．经济问题探索，2016（1）：162 – 166.

[10] 方福前, 邢炜. 居民消费与电商市场规模的 U 型关系研究 [J]. 财贸经济, 2015 (11): 131 – 147.

[11] 杭斌, 闫新华. 经济快速增长时期的居民消费行为——基于习惯形成的实证分析 [J]. 经济学 (季刊), 2013 (4): 1191 – 1208.

[12] 易行健, 刘胜, 杨碧云. 民生性财政支出对我国居民消费率的影响——基于 1996—2009 年省际面板数据的实证检验 [J]. 上海财经大学学报, 2013 (2): 55 – 62.

[13] 李晓嘉. 社会保障支出对农村居民消费的动态效应研究 [J]. 财经论丛, 2013 (4): 22 – 28.

[14] 李建强. 政府民生支出对居民消费需求的动态影响——基于状态空间模型的实证检验 [J]. 财经研究, 2010 (6): 102 – 111.

[15] 陈东, 刘金东. 农村信贷对农村居民消费的影响——基于状态空间模型和中介效应检验的长期动态分析 [J]. 金融研究, 2013 (6): 160 – 172.

[16] 韩立岩, 杜春越. 收入差距、借贷水平与居民消费的地区及城乡差异 [J]. 经济研究, 2012 (S1): 15 – 27.

[17] 王宇鹏. 人口老龄化对中国城镇居民消费行为的影响研究 [J]. 中国人口科学, 2011 (1): 64 – 73.

[18] 毛中根, 孙武福, 洪涛. 中国人口年龄结构与居民消费关系的比较分析 [J]. 人口研究, 2013 (3): 82 – 92.

[19] 刘凤根, 赵建军. 资产价格变动对居民消费影响的实证研究 [J]. 湖南商学院学报, 2011 (4): 18 – 22.

[20] 丁攀, 胡宗义. 股价与房价波动对居民消费影响的动态研究 [J]. 统计与决策, 2008 (15): 106 – 108.

[21] 段忠东. 房价变动对居民消费影响的门限测度——基于中

国 35 个大中城市的实证研究 [J]. 经济科学, 2014 (4): 27 – 38.

[22] 李春风, 刘建江, 陈先意. 房价上涨对我国城镇居民消费的挤出效应研究 [J]. 统计研究, 2014 (12): 32 – 40.

[23] 谢洁玉, 吴斌珍, 李宏彬等. 中国城市房价与居民消费 [J]. 金融研究, 2012 (6): 13 – 27.

[24] 杭斌. 住房需求与城镇居民消费 [J]. 统计研究, 2014 (9): 31 – 36.

[25] 陈强, 叶阿忠. 中国股市对城镇居民消费影响的实证研究 [J]. 统计与决策, 2009 (1): 79 – 81.

[26] 刘轶, 马赢. 股价波动、可支配收入与城镇居民消费 [J]. 消费经济, 2015 (2): 3 – 7.

[27] 陈志英. 我国居民家庭金融资产财富效应分析 [J]. 西部论坛, 2012 (6): 52 – 57.

[28] 仲崇文. 虚拟经济对实体经济的影响研究 [D]. 吉林大学, 2011.

[29] 于长秋. 中国的股票价格波动及货币政策反应 [J]. 中央财经大学学报, 2006 (3): 45 – 49.

[30] 郭田勇. 资产价格、通货膨胀与中国货币政策体系的完善 [J]. 金融研究, 2006 (10): 23 – 35.

[31] 崔光灿. 资产价格、金融加速器与经济稳定 [J]. 世界经济, 2006 (11): 59 – 69.

[32] Skinner J. Housing wealth and aggregate saving [J]. Regional Science and Urban Economics, 1989, 19 (2): 305 – 324.

[33] Engelhardt G V. House prices and home owner saving behavior [J]. Regional Science and Urban Economics, 1996, 26 (3 – 4): 313 – 336.

[34] Muellbauer J, Murphy A. Booms and busts in the UK housing market [J]. The Economic Journal, 1997: 1701 – 1727.

[35] Campbell J Y, Mankiw N G. Consumption, income and interest rates: Reinterpreting the time series evidence [Z]. MIT Press, 1989.

[36] Ludwig A, Slok T. The impact of changes in stock prices and house prices on consumption in OECD countries [R]. International Monetary Fund Working Paper Series, 2002.

[37] 肖洋, 倪玉娟, 方舟. 股票价格、实体经济与货币政策研究——基于我国 1997—2011 年的经验证据 [J]. 经济评论, 2012 (2): 97 – 104.

[38] Dynan K. E. Habit formation in consumer preferences: Evidence from panel data [J]. American Economic Review, 2000: 391 – 406.

[39] Deep A., Domanski D. Housing markets and economic growth: lessons from the US refinancing boom [J]. BIS Quarterly Review, 2002: 37 – 45.

[40] Blander A S. How to real wall street's scrambled messages [N]. Business Weekly, (11 – 16, 28).

[41] Poterba J. M. Stock market wealth and consumption [J]. The Journal of Economic Perspectives, 2000, 14 (2): 99 – 118.

[42] Ludvigson S. C., Steindel C. How important is the stock market effect on consumption? [Z]. Federal Reserve Bank of New York New York, 1998.

[43] Mankiw N. G., Zeldes S P. The consumption of stockholders and nonstockholders [J]. Journal of Financial Economics, 1991, 29 (1): 97 – 112.

[44] Poterba J. M., Samwick A A, Shleifer A, et al. Stock owner-

ship patterns, stock market fluctuations, and consumption [J]. Brookings papers on economic activity, 1995 (2): 295 – 372.

[45] Parker J A. Spendthrift in America? On two decades of decline in the US saving rate [M]. MIT, 2000: 317 – 387.

[46] Starr – Mccluer M. Stock market wealth and consumer spending [M]. Division of Research and Statistics, Division of Monetary Affairs, Federal Reserve Board, 1998.

[47] Maki D. , Palumbo M. Disentangling the wealth effect: A cohort analysis of household saving in the 1990s [J]. 2001.

[48] Dynan K E. , Maki D M. Does stock market wealth matter for consumption? [M]. Division of Research & Statistics and Monetary Affairs, Federal Reserve Board, 2001.

[49] Attanasio O. , Banks J, Tanner S. Asset holding and consumption volatility [Z]. National Bureau of Economic Research, 1998.

[50] Hori M. , Shimizutani S. Asset holding and consumption: Evidence from japanese panel data in the 1990s [J]. 2004.

[51] Grant C. , Peltonen T A. Housing and equity wealth effects of Italian households [J]. 2008.

[52] Dvornak N. , Kohler M. Housing wealth, stock market wealth and consumption: A panel analysis for Australia [J]. Economic Record, 2007, 83 (261): 117 – 130.

[53] Bostic R. , Gabriel S, Painter G. Housing wealth, financial wealth, and consumption: New evidence from micro data [J]. Regional Science and Urban Economics, 2009, 39 (1): 79 – 89.

[54] Levin L. Are assets fungible: Testing the behavioral theory of life – cycle savings [J]. Journal of Economic Behavior & Organiza-

tion, 1998, 36 (1): 59 – 83.

[55] Lehnert A. Housing, consumption, and credit constraints [M]. Divisions of Research & Statistics and Monetary Affairs, Federal Reserve Board, 2004.

[56] Disney R. , Henley A, Jevons D. House price shocks, negative equity and household consumption in the UK in the 1990s [C]. 2002.

[57] Miles D. A household level study of the determinants of income and consumption [J]. The Economic Journal, 1997: 1 – 25.

[58] Bover O. Wealth effects on consumption: Microeconometric estimates from the Spanish survey of household finances [Z]. Banco de EspaÃ ± a, 2005.

[59] Catte P. , Girouard N, Price R, et al. The contribution of housing markets to cyclical resilience [J]. OECD Economic Studies, 2004 (38): 1.

[60] Girouard N. Housing and mortgage markets: An OECD perspective [M]. The Blackwell Companion to the Economics of Housing: The Housing Wealth of Nations, Smith S J, Searle B A, New Jersey: Wiley, 2010: 5, 38.

[61] Farmer R E. The stock market crash of 2008 caused the Great Recession: Theory and evidence [J]. Journal of Economic Dynamics and Control, 2012, 36 (5): 693 – 707.

[62] Carroll C D. , Otsuka M, Slacalek J. How large are housing and financial wealth effects? A new approach [J]. Journal of Money, Credit and Banking, 2011, 43 (1): 55 – 79.

[63] Singh B. How important is the stock market wealth effect on consumption in India? [J]. Empirical Economics, 2012, 42 (3): 915 –

927.

　［64］ Ashley R. , Li G. Re – Examining the Impact of Housing Wealth and Stock Wealth on Household Spending: Does Persistence in Wealth Changes Matter? ［Z］. 2013.

　［65］ 胡跃红, 黄婧. 股票市场和房地产市场财富效应比较研究: 2001—2010 年 ［J］. 特区经济, 2012 （5）: 103 – 105.

　［66］ Hall R E. Stochastic implications of the life cycle – permanent income hypothesis: Theory and evidence ［J］. Journal of Political Economy, 1978, 86 （3）: 971 – 987.

　［67］ Flavin M A. The adjustment of consumption to changing expectations about future income ［J］. The Journal of Political Economy, 1981, 89 （5）: 974 – 1009.

　［68］ Dusenberry J S. Income, saving and the theory of consumer behavior ［M］. Harvard University Press, 1949.

　［69］ 薛永刚. 我国股票市场财富效应对消费影响的实证分析 ［J］. 宏观经济研究, 2012 （12）: 49 – 59.

　［70］ Acemoglu D. , Scott A. Consumer Confidence and Rational Expectations: Are Agents' Beliefs Consistent with the Theory? ［J］. The Economic Journal, 1994, 104 （422）: 1 – 19.

　［71］ Girouard N. , Blondal S. Housing Prices and Economic Activity ［R］. OECD Economics Department Working Paper, 2001.

　［72］ Campbell J Y, Cocco J F. How do house prices affect consumption? Evidence from micro data ［J］. Journal of Monetary Economics, 2007, 54 （3）.

　［73］ Attanasio O P. , Blow L, Hamilton R, et al. Booms and busts: Consumption, house prices and expectations ［J］. Economica,

2009，76（301）：20 – 50.

[74] 黄平．我国房地产"财富效应"与货币政策关系的实证检验 [J]．上海金融，2006（6）：32 – 34.

[75] 高春亮，周晓艳．34 个城市的住宅财富效应：基于 panel data 的实证研究 [J]．南开经济研究，2007（1）：36 – 44.

[76] 骆祚炎．基于流动性的城镇居民住房资产财富效应分析——兼论房地产市场的平稳发展 [J]．当代经济科学，2007，29（4）：51 – 56.

[77] 王子龙，许箫迪．房地产市场广义虚拟财富效应测度研究 [J]．中国工业经济，2011（3）：15 – 25.

[78] Lettau M. , Ludvigson S. Consumption, aggregate wealth, and expected stock returns [J]. The Journal of Finance, 2001, 56（3）：815 – 849.

[79] Milani F. Learning about the Interdependence between the Macroeconomy and the Stock Market [J]. University of California – Irvine, Department of Economics Working Papers，2008，70819.

[80] 魏永芬，王志强．我国股票价格变化对消费和投资影响的实证研究 [J]．中国经济问题，2002（5）：38 – 44.

[81] 李学峰，徐辉．中国股票市场财富效应微弱研究 [J]．南开经济研究，2003（3）：67 – 71.

[82] 骆祚炎．居民金融资产结构性财富效应分析：一种模型的改进 [J]．数量经济技术经济研究，2008，25（12）：97 – 110.

[83] 唐绍祥，蔡玉程，解梁秋．我国股市的财富效应——基于动态分布滞后模型和状态空间模型的实证检验 [J]．数量经济技术经济研究，2008，25（6）：79 – 89.

[84] 王虎，周耿，陈峥嵘．股票市场财富效应与消费支出研究

[J]. 证券市场导报, 2009 (11): 48 - 57.

[85] 姜百臣, 马少华. 股市财富效应的内生性之争: 财富内生抑或消费内生 [J]. 宁夏社会科学, 2011 (4): 46 - 49.

[86] 刘建江, 匡树岑. 人民币升值的财富效应研究 [J]. 世界经济研究, 2011 (4): 15 - 19.

[87] Tille C. Financial integration and the wealth effect of exchange rate fluctuations [J]. Journal of International Economics, 2008, 75 (2): 283 - 294.

[88] 郭宏宇, 吕风勇. 我国国债的财富效应探析——1985—2002 年间我国国债规模对消费需求影响的实证研究 [J]. 财贸研究, 2006 (1): 53 - 58.

[89] Benjamin J D., Chinloy P, Jud G D. Real estate versus financial wealth in consumption [J]. The Journal of Real Estate Finance and Economics, 2004, 29 (3): 341 - 354.

[90] Kundan Kishor N. Does Consumption Respond More to Housing Wealth Than to Financial Market Wealth? If So, Why? [J]. The Journal of Real Estate Finance and Economics, 2007, 35 (4): 427 - 448.

[91] 田青. 资产变动对居民消费的财富效应分析 [J]. 宏观经济研究, 2011 (5): 57 - 63.

[92] 李莹, 张屹山. 论我国城镇居民资产价格的财富效应 [J]. 经济纵横, 2011 (3): 61 - 64.

[93] 骆祚炎. 中国居民金融资产与住房资产财富效应的比较检验 [J]. 中国软科学, 2008 (4): 40 - 47.

[94] Giuliodori M. Monetary policy shocks and the role of house prices across European countries [J]. DNB Working Papers, 2004.

[95] Peltonen T A., Sousa R M, Vansteenkiste I S. Wealth effects

in emerging market economies［R］. 2009.

［96］Slacalek J. What drives personal consumption? The role of housing and financial wealth［J］. The BE Journal of Macroeconomics, 2009, 9 (1)：37.

［97］Poterba J M. Stock market wealth and consumption［J］. The Journal of Economic Perspectives, 2000, 14 (2)：99 – 118.

［98］Aoki K, Proudman J, Vlieghe G. Houses as Collateral：Has the Link between House Prices and Consumption in the UK changed?［J］. Economic Policy Review, 2002, 8 (1)：163 – 177.

［99］Hamburg B. , Hoffmann M, Keller J. Consumption, wealth and business cycles in Germany［J］. Empirical Economics, 2008, 34 (3)：451 – 476.

［100］黄静. 基于30个城市非平稳面板计量的住房财富效应实证检验［J］. 管理评论, 2011, 23 (5)：18 – 24.

［101］许家军, 葛扬. 收入差距对我国房地产财富效应的影响［J］. 现代经济探讨, 2011 (3)：84 – 87.

［102］陈健, 高波. 非线性视角下的中国房地产财富效应的测度研究——基于1996—2008年省际面板数据的分析［J］. 广东金融学院学报, 2010 (5)：99 – 111.

［103］李天祥, 苗建军. 房价上涨对国民经济影响的理论分析——基于房地产财富效应传导机制视角［J］. 软科学, 2011, 25 (2)：57 – 61.

［104］Berben R. , Bernoth K, Mastrogiacomo M. Households' response to wealth changes：Do gains or losses make a difference?［J］. Opening speech, 2006 (30)：145.

［105］Liaoa W. , Daxuanzhaob, Tienfoosing. Risk attitude and housing wealth effect [Z]. National University of Singapore，2011.

[106] 梁琪，郭娜，郝项超. 房地产市场财富效应及其影响因素研究——基于我国省际面板数据的分析 [J]. 经济社会体制比较，2011（5）：179 – 184.

[107] 王轶君，赵宇. 房地产价格的财富效应研究——基于中国 1996—2010 年的经验证据 [J]. 经济问题，2011（5）：41 – 43.

[108] 孙克. 地价、房价与居民消费——中国 35 个大中城市的证据 [J]. 山西财经大学学报，2012（2）：1 – 8.

[109] Guidolin M.，Timmermann A. Asset allocation under multivariate regime switching [J]. Journal of Economic Dynamics and Control，2007，31（11）：3503 – 3544.

[110] 唐志军，潘爱民，陈亮. 基于状态空间模型的我国房市和股市财富效应的比较分析 [J]. 大连理工大学学报（社会科学版），2013（1）：61 – 66.

[111] 郑华，谢启超. 通胀预期视角下资产价格财富效应的非对称性 [J]. 广东金融学院学报，2012（1）：3 – 13.

[112] 张漾滨. 中国股价与房价波动对居民消费的影响研究 [J]. 管理世界，2012（1）：178 – 179.

[113] 姚树洁，戴颖杰. 房地产资产财富效应的区域效应与时序差异：基于动态面板模型的估计 [J]. 当代经济科学，2012（6）：88 – 97.

[114] 骆祚炎. 资产价格波动、财富效应稳定性与货币政策调控分析 [J]. 上海金融，2012（9）：42 – 47.

[115] Carroll C.，Slacalek J，Sommer M. Dissecting Saving Dynamics：Measuring Credit，Wealth and Precautionary Effects [R]. 2012.

[116] 徐迎军，李东. 我国住宅市场财富效应研究 [J]. 管理评

论，2011，23（1）：14-20.

[117] 蒋序怀. 我国城镇居民证券金融资产财富效应及其对消费的影响 [J]. 广东技术师范学院学报，2012（11）：43-44.

[118] 张清勇，郑环环. 住宅存量与流量价格的领先—滞后关系——以北京、上海、广州和深圳为例 [J]. 财贸经济，2009（5）：104-110.

[119] 艾蔚. 预售对住宅价格的影响及住宅价格指数衍生品的开发 [J]. 建筑经济，2008（2）：84-87.

[120] 虞斌，何建敏. 从美国经验看中国居民住宅资产财富效应的制约因素——LC-PIH 视角的两国牛市比较研究 [J]. 现代管理科学，2012（1）：6-9.

[121] 胡金焱. 政策效应、政策效率与政策市的实证分析 [J]. 经济理论与经济管理，2002（8）：49-53.

[122] 曹松涛. 政府政策与中国股票市场的价格波动 [J]. 前沿，2012（17）：103-104.

[123] 曲永刚，张金水. 中国股票市场价格波动特征分析 [J]. 清华大学学报（哲学社会科学版），2003（3）：30-34.

[124] 王远鸿. 中国股市波动的总体状况和特征分析 [J]. 中国物价，2001（7）：23-27.

[125] 胡荣才，龙飞凤. 中国股票市场政策市的新特征 [J]. 财经理论与实践，2010（3）：48-52.

[126] 陈维云. 中国股市波动的非对称性研究 [D]. 重庆大学，2010.

[127] 谭德光. 上海股票市场价格波动的非对称性研究 [J]. 价格月刊，2010（9）：9-12.

[128] 吴毅芳，彭丹. 我国股票市场价格波动的非对称性及其

国际比较 ［J］. 中南大学学报（社会科学版），2007（5）：568－572.

［129］王晋斌. 中国经济中资产结构的变化及其对货币政策的含义 ［M］. 中国宏观经济分析与预测（2007—2008 年）：财富结构快速调整中的中国宏观经济，中国人民大学出版社，2008：41－55.

［130］汪涛. 中国的住房存量价值 ［R］. 2011.

［131］骆祚炎. 城镇居民金融资产与不动产财富效应的比较分析 ［J］. 数量经济技术经济研究，2007，24（11）：56－65.

［132］Case K E.，Quigley J M，Shiller R J. Comparing Wealth Effects：The Stock Market versus the Housing Market ［J］. 2005.

［133］Wolff E N. Trends in Aggregate Household Wealth in the U. S.，1900－1983 ［J］. Review of Income and Wealth. 1989，35（1）：1－29.

［134］仇保兴. ［Z］. 2010.

［135］李实，魏众，丁赛. 中国居民财产分布不均等及其原因的经验分析 ［J］. 经济研究，2005（6）：4－15.

［136］Bakshi G S.，Chen Z. The spirit of capitalism and stock－market prices ［J］. The American Economic Review，1996：133－157.

［137］晏艳阳，官飞宇. 中国居民消费习惯形成的二元结构研究 ［J］. 统计与信息论坛，2011，26（6）：39－44.

［138］Sargent T J. Rational expectations，econometric exogeneity，and consumption ［J］. The Journal of Political Economy，1978：673－700.

［139］刘建江. 财富效应、消费函数与经济增长 ［J］. 当代财经，2002（7）：16－19.

［140］Flavin M. Excess Sensitivity of Consumption to Current Income：Liquidity Constraints or Myopia? ［J］. The Canadian Journal of Economics / Revue canadienne d'Economique, 1985, 18 (1): 117 – 136.

[141] Leland H E. Saving and uncertainty: The precautionary demand for saving [J]. The Quarterly Journal of Economics, 1968, 82 (3): 465.

[142] Stiglitz J E., Weiss A. Credit rationing in markets with imperfect information [J]. The American economic review, 1981, 71 (3): 393 – 410.

[143] Kahneman D., Tversky A. Prospect theory: An analysis of decision under risk [J]. Econometrica: Journal of the Econometric Society, 1979: 263 – 291.

[144] Tversky A., Kahneman D. Advances in prospect theory: Cumulative representation of uncertainty [J]. Journal of Risk and uncertainty, 1992, 5 (4): 297 – 323.

[145] Laibson D. Hyperbolic discount functions, undersaving, and savings policy [R]. National Bureau of Economic Research, 1996.

[146] 袁志刚, 宋铮. 城镇居民消费行为变异与我国经济增长 [J]. 经济研究, 1999 (11): 20 – 28.

[147] 龙志和, 周浩明. 中国城镇居民预防性储蓄实证研究 [J]. 经济研究, 2000 (11): 33 – 38.

[148] 万广华, 史清华, 汤树梅. 转型经济中农户储蓄行为: 中国农村的实证研究 [J]. 经济研究, 2003 (5): 3 – 12.

[149] 樊潇彦, 袁志刚, 万广华. 收入风险对居民耐用品消费的影响 [J]. 经济研究, 2007 (4): 124 – 136.

[150] 陈晓光, 张宇麟. 信贷约束、政府消费与中国实际经济周期 [J]. 经济研究, 2010 (12): 48 – 59.

[151] 叶德珠, 连玉君, 黄有光等. 消费文化、认知偏差与消

费行为偏差 [J]. 经济研究, 2012 (2): 80 - 92.

[152] 陈柳钦. 行为经济学的起源、萌芽、成长、繁荣及其发展趋势 [J]. 创新, 2012 (3): 51 - 59.

[153] 高玉伟, 周云波. 城镇居民消费行为的生命周期变异——来自微观面板数据的证据 [J]. 统计与信息论坛, 2011, 26 (8): 94 - 101.

[154] 程令国, 张晔. 早年的饥荒经历影响了人们的储蓄行为吗?——对我国居民高储蓄率的一个新解释 [J]. 经济研究, 2011 (8): 119 - 132.

[155] 崔海燕, 范纪珍. 内部和外部习惯形成与中国农村居民消费行为——基于省级动态面板数据的实证分析 [J]. 中国农村经济, 2011 (7): 54 - 62.

[156] 周建, 杨秀祯. 我国农村消费行为变迁及城乡联动机制研究 [J]. 经济研究, 2009 (1): 83 - 95.

[157] 张剑渝, 杜青龙. 参考群体、认知风格与消费者购买决策——一个行为经济学视角的综述 [J]. 经济学动态, 2009 (11): 83 - 86.

[158] 王皖君. 中国股票市场与房地产市场关系 [J]. 现代企业, 2012 (8): 57 - 58.

[159] 匡小平, 干霖. 中国通货膨胀与股价、房价相关性实证研究 [J]. 山东社会科学, 2012 (10): 139 - 142.

[160] 李星, 邹战勇. 中国股票价格与房地产价格关联性研究 [J]. 经济研究导刊, 2012 (15): 65 - 291.

[161] 徐国祥, 王芳. 我国房地产市场与股票市场周期波动的关联性探讨 [J]. 经济管理, 2012 (2): 133 - 141.

[162] 况伟大, 赵宇华. 中国房市与股市关联度研究 [J]. 经济

理论与经济管理，2010（8）：38 – 44.

　　[163] 巴曙松，覃川桃，朱元倩. 中国股票市场与房地产市场的联动关系 [J]. 系统工程，2009（9）：22 – 28.

　　[164] 邓燊，杨朝军. 股价房价波动与经济周期关系 [J]. 上海交通大学学报，2008（11）：1797 – 1801.

　　[165] 张宗成，张蕾. 中国不同地区房地产市场财富效应的动态比较和变参数分析 [J]. 经济与管理研究，2011（3）：49 – 53.

　　[166] 李成武. 中国房地产财富效应地区差异分析 [J]. 财经问题研究，2010（2）：124 – 128.

　　[167] 陈彦斌. 中国城乡财富分布的比较分析 [J]. 金融研究，2008（12）：87 – 100.

　　[168] 赵卫亚，袁军江，陈新涛. 我国城镇居民消费行为区域异质分析——基于动态面板分位数回归视角 [J]. 经济经纬，2012（4）：6 – 10.

　　[169] 战明华，许月丽. 转轨时期我国居民消费行为的区域特征与城乡差异 [J]. 中国农村观察，2005（2）：38 – 44.

　　[170] Miller E M. Risk, uncertainty, and divergence of opinion [J]. The Journal of Finance, 1977, 32（4）：1151 – 1168.

　　[171] Campbell J Y., Hentschel L. No news is good news：An asymmetric model of changing volatility in stock returns [J]. Journal of financial Economics, 1992, 31（3）：281 – 318.

　　[172] 任太增. 收入支出不确定性与中国消费需求之谜 [J]. 中州学刊，2004（2）：27 – 30.

　　[173] 陈炎兵. 论社会主义市场经济体制形成和发展的四个阶段 [J]. 党的文献，2009（1）：50 – 55.

　　[174] 孙凤. 中国居民的不确定性分析 [J]. 南开经济研究，

2002 (2): 58 –63.

[175] 吴晓求. 实体经济与资产价格变动的相关性分析 [J]. 中国社会科学, 2006 (6): 55 –64.

[176] 刘骏民, 伍超明. 虚拟经济与实体经济关系模型——对我国当前股市与实体经济关系的一种解释 [J]. 经济研究, 2004 (4): 60 –69.

[177] 瞿强. 资产价格泡沫与信用扩张 [J]. 金融研究, 2005 (3): 50 –58.

[178] 刘春航, 张新. "繁华预期"、流动性变化和资产价格 [J]. 金融研究, 2007 (6): 1 –12.

[179] 梁云芳, 高铁梅. 我国商品住宅销售价格波动成因的实证分析 [J]. 管理世界, 2006 (8): 76 –82.

[180] 周京奎.1998—2005 年我国资产价格波动机制研究——以房地产价格与股票价格互动关系为例 [J]. 上海经济研究, 2006 (4): 21 –29.

[181] 胡继之, 于华. 影响中国股市价格波动若干因素的实证分析 [J]. 中国社会科学, 1999 (3): 68 –87.

[182] 岳意定, 周可峰. 机构投资者对证券市场价格波动性的影响——基于 Topview 数据的实证研究 [J]. 中国工业经济, 2009 (3): 140 –148.

[183] 樊智. 分形市场理论与金融波动持续性研究 [D]. 天津大学, 2003.

[184] 段军山, 龚志勇. 股指期货市场价格风险测度——基于 CVaR 值、GARCH 模型、R/S 分形的实证研究 [J]. 山西财经大学学报, 2011 (5): 43 –51.

[185] 段军山, 易明翔. 中国金融体系脆弱性测度及其经验解

释：2001—2010 年 [J]. 广东金融学院学报，2012（2）：3 – 16.

[186] 杭斌. 习惯形成下的农户缓冲储备行为 [J]. 经济研究，2009（1）：96 – 105.

[187] Deaton A. Life – cycle models of consumption：Is the evidence consistent with the theory？[M]. Advances in Econometrics：Fifth World Congress，Bewley T F.，Cambridge：Cambridge University Press，1987（2）：121 – 148.

[188] Muellbauer J. Habits，rationality and myopia in the life cycle consumption function [J]. Annales d'Economie et de Statistique，1988：47 – 70.

[189] 杭斌. 城镇居民的平均消费倾向为何持续下降——基于消费习惯形成的实证分析 [J]. 数量经济技术经济研究，2010（6）：126 – 138.

[190] 吕朝凤，黄梅波. 中国居民消费的习惯形成——基于1979—2008 年省域面板数据的实证分析 [J]. 经济与管理研究，2011（6）：28 – 35.

[191] 贾男，张亮亮. 城镇居民消费的"习惯形成"效应 [J]. 统计研究，2011，28（8）：43 – 48.

[192] 王柏杰. 资产价格波动与货币政策选择研究 [D]. 西北大学，2011.

[193] Sommer M. Habit formation and aggregate consumption dynamics [J]. The BE Journal of Macroeconomics，2007，7（1）：21.

[194] 胡毅，王美今. Ⅳ估计的最优工具变量选取方法 [J]. 数量经济技术经济研究，2011，28（7）：122 – 136.